AF274777

Ciberejercicios básicos y avanzados de ciberseguridad industrial

Yolanda López Benítez

ic editorial

Ciberejercicios básicos y avanzados de ciberseguridad industrial
© Yolanda López Benítez

1ª Edición

© IC Editorial, 2025

Editado por: IC Editorial
c/ Cueva de Viera, 2, Local 3
Centro Negocios CADI
29200 Antequera (Málaga)
Teléfono: 952 70 60 04
Fax: 952 84 55 03
Correo electrónico: iceditorial@iceditorial.com
Internet: www.iceditorial.com

ISBN: 978-84-1184-720-9
Depósito Legal: MA 555-2025

Impresión: PODiPrint
Impreso en Andalucía – España

Nota de la editorial: IC Editorial pertenece a Innovación y Cualificación S. L.

Índice

OBJETIVOS GENERALES

Los objetivos generales del título **Ciberejercicios básicos y avanzados de ciberseguridad industrial,** son los siguientes:

- ⮞ Evaluar y reforzar los conocimientos de ciberseguridad industrial, mediante la ejecución de seis escenarios de ataque y defensa, definidos en la plataforma *Cybertix-Cybring* para redes industriales, para profundizar en los conocimientos de forma práctica.
- ⮞ Adquirir prácticas en ciberseguridad industrial mediante la realización de ciberejercicios básicos y avanzados, comprendiendo estrategias ofensivas y defensivas *(red team / blue team)* para evaluar y mitigar amenazas en redes industriales.

Simulación de ataques en la plataforma *Cybertrix-Cybring*

Contenido

Objetivos

El objetivo general de esta Unidad de Aprendizaje es:

→ Evaluar y reforzar los conocimientos de ciberseguridad industrial mediante la ejecución de seis escenarios de ataque y defensa, definidos en la plataforma *Cybertix-Cybring* para redes industriales, para profundizar en los conocimientos de forma práctica.

Los objetivos específicos de esta Unidad de Aprendizaje son:

→ Aprender a trabajar en equipo en escenarios virtuales de redes tecnológicas e infraestructuras industriales en situación de ataques y vulnerabilidades aplicables a entornos reales en tiempo real.

→ Resolver incidencias que impidan el buen funcionamiento de las máquinas virtuales, buscando soluciones relacionadas con la configuración.

→ Evaluar las capacidades de anticipación y liderazgo en situaciones de riesgo en instalaciones industriales.

→ Apropiarse de la cultura de la ciberseguridad industrial de aplicación inmediata en procesos de digitalización en entornos operacionales.

1. Introducción

En un ecosistema industrial cada vez más interconectado, la seguridad de los sistemas de control industrial y las redes de tecnología operativa se ha convertido en una prioridad para las empresas, que desean proteger al máximo sus operaciones críticas. Estos sistemas, tan necesarios, están expuestos a riesgos cibernéticos que pueden comprometer su disponibilidad, integridad y confidencialidad. Por ello, comprender y abordar las vulnerabilidades de estos entornos es clave para salvaguardar la producción y la continuidad del negocio.

Sabemos que el proceso de identificación de vulnerabilidades en los sistemas ICS es imprescindible para prevenir accesos no autorizados y reducir la superficie de ataque. Con la aplicación de técnicas de análisis de riesgos y evaluaciones de seguridad, las fábricas y las empresas son capaces de descubrir debilidades en componentes clave, como pueden ser controladores lógicos programables (PLC), estaciones HMI (interfaz hombre-máquina) y redes de comunicación. La aplicación de medidas correctivas oportunas garantiza que los sistemas estén mejor preparados para resistir posibles ciberincidentes.

Otro elemento fundamental en esta unidad es la simulación de ataques en redes OT mediante entornos de *cyber range*. Estas plataformas permiten recrear situaciones reales de ataque, como accesos no autorizados y ataques de intermediario (MITM), brindando a los equipos de seguridad la oportunidad de fortalecer sus defensas y de capacitarse en la respuesta a incidentes. Las pruebas en entornos controlados permiten detectar brechas, mejorar la segmentación de la red y optimizar las estrategias de detección y prevención.

Para ilustrar estos conceptos, seguiremos la historia de Mario, un ingeniero de sistemas que afronta diariamente al desafío de proteger la red ICS de *TechSystems,* empresa para la que trabaja. A través de su experiencia, exploraremos de manera práctica la identificación de vulnerabilidades, la simulación de ataques en entornos OT y la implementación de medidas contra ataques de denegación de servicio distribuido (DDoS). Su recorrido nos servirá de guía para comprender cómo enfrentarnos a los riesgos de ciberseguridad en los entornos industriales más críticos.

2. Identificación de las vulnerabilidades ICS

☞ HILO CONDUCTOR

Mario identificó vulnerabilidades críticas en los sistemas de control industrial (ICS), centrándose en PLC, HMI y redes de comunicación. Detectó configuraciones por defecto, puertos abiertos y autenticación insuficiente. Para mitigarlas, aplicó parches de seguridad, cerró servicios no esenciales y reforzó el control de acceso. Además, propuso el uso de listas blancas de aplicaciones autorizadas.

Las **vulnerabilidades en los sistemas ICS** representan un riesgo significativo para la seguridad de la operativa industrial. La identificación de estos puntos débiles implica el análisis de configuraciones, el escaneo de puertos y la revisión de componentes críticos como PLC, estaciones HMI y redes de comunicación. Estas acciones permiten detectar configuraciones por defecto, servicios innecesarios o expuestos y brechas en las políticas de acceso.

NOTA

Trabajar en equipo para abordar estas vulnerabilidades en tiempo real mejora la capacidad colectiva para poder enfrentarse a los ciberriesgos con ciertas garantías de éxito. La colaboración entre diferentes roles y especialidades asegura una evaluación más exhaustiva de las debilidades del sistema y fortalece la preparación de los profesionales frente a incidentes potenciales.

2.1. Detección y prevención de las mismas

La detección de vulnerabilidades se lleva a cabo mediante herramientas especializadas que identifican puertos abiertos, configuraciones erróneas y puntos de entrada susceptibles a ciberataques. Una vez identificadas, las vulnerabilidades se mitigan cerrando servicios no esenciales, aplicando parches de seguridad y reforzando los controles de acceso. Estas medidas garantizan que los sistemas sean más resilientes frente a amenazas potenciales.

IMPORTANTE

En este contexto, la capacidad de anticipación y liderazgo es fundamental. Evaluar rápidamente las amenazas y decidir sobre las mejores medidas de mitigación permite minimizar el impacto de los riesgos en las instalaciones industriales.

La **plataforma *Cybertrix-Cybring*** es una herramienta avanzada diseñada para la simulación y evaluación de ataques y vulnerabilidades en redes industriales. Este entorno virtual permite recrear situaciones reales en infraestructuras críticas, ofreciendo un espacio seguro donde los equipos pueden identificar fallos, probar estrategias de defensa y mejorar sus habilidades en ciberseguridad.

Con una visión global, *Cybring* busca fortalecer la cultura de la ciberseguridad en las organizaciones, ayudándolas a estar preparadas frente a amenazas presentes y futuras mediante una capacitación sólida y orientada a la misión (*Cybring Labs,* 2023).

Cybring, fundada en 2017 por expertos con amplia trayectoria en ciberseguridad, defensa y seguridad nacional, se centra en la importancia de una formación efectiva para alcanzar y mantener la excelencia en ciberseguridad. La organización destaca que la combinación de motivación y entrenamiento práctico, continuo y basado en situaciones reales es esencial para el aprendizaje significativo, tanto a nivel individual como en equipo. Fuente: cybringlabs.com

Cybring es una plataforma innovadora diseñada para transformar el aprendizaje y la preparación de profesionales en ciberseguridad. Con un enfoque en la capacitación práctica y realista, esta herramienta ofrece soluciones avanzadas para usuarios y equipos que buscan mejorar sus competencias frente a las crecientes amenazas digitales.

A continuación, se presentan las **principales características** que hacen de ***Cybring*** una opción destacada en el ámbito de la formación en ciberseguridad:

- **Capacitación práctica y personalizada.** *Cybring* ofrece laboratorios, o *labs,* y escenarios diseñados para replicar situaciones reales de ciberseguridad. Los usuarios pueden trabajar en entornos personalizados que simulan redes IT, OT y SCADA, lo que permite una experiencia de aprendizaje adaptada a sus necesidades específicas.
- **Variedad de modalidades de entrenamiento.** La plataforma incluye opciones para entrenamientos individuales, grupales o con instructores, fomentando tanto el autoaprendizaje como la colaboración en equipo. Estas modalidades permiten flexibilidad y adaptabilidad a diferentes niveles de experiencia.
- **Escenarios preconfigurados y personalizables.** Los usuarios tienen acceso a una extensa biblioteca de escenarios preconfigurados, que abordan desde problemas básicos hasta complejos ataques avanzados. Además, *Cybring* permite la creación y personalización de nuevos escenarios para satisfacer objetivos particulares de formación.
- **Integración con herramientas de seguridad.** La plataforma es compatible con una amplia variedad de soluciones de ciberseguridad utilizadas en la industria. Esto permite a las organizaciones integrar sus propias herramientas y maximizar la efectividad de las sesiones de entrenamiento.
- **Evaluación basada en inteligencia artificial.** *Cybring* utiliza mecanismos avanzados de retroalimentación impulsados por inteligencia artificial para evaluar el desempeño de los participantes, identificar áreas de mejora y ofrecer recomendaciones prácticas para optimizar sus habilidades.
- **Foco en la cultura de ciberseguridad.** Más allá de la capacitación técnica, *Cybring* está comprometida con el fomento de una sólida cultura de ciberseguridad en las organizaciones, y prepara a los equipos para enfrentarse a amenazas presentes y futuras con total confianza y competencia.

APLICACIÓN PRÁCTICA

La plataforma *Cybring* ofrece diversas funcionalidades que permiten fortalecer las competencias en ciberseguridad. ¿Cuál de las siguientes opciones representa una característica clave para personalizar los escenarios de entrenamiento y adaptarlos a las necesidades específicas de una organización?

- **Evaluación automática basada en inteligencia artificial para identificar áreas de mejora.**
- **Biblioteca de escenarios preconfigurados con opciones de personalización.**
- **Integración con herramientas de seguridad utilizadas en la industria.**
- **Modalidades de entrenamiento individual y en equipo.**

Solución

La biblioteca de escenarios preconfigurados y personalizables es una característica central de *Cybring* que permite a los usuarios adaptar los entrenamientos a las necesidades específicas de su organización. Esto es especialmente útil para simular entornos reales y practicar estrategias de defensa ante amenazas relevantes. Un ejemplo sería crear un escenario que replique una planta industrial con redes OT para evaluar medidas de segmentación de red.

La **plataforma *Cybertrix-Cybring*** es una herramienta clave para aplicar los conocimientos teóricos en un contexto práctico, ayudando a los profesionales a anticiparse a las amenazas y fortalecer la seguridad en sus entornos operacionales. Para aprovechar al máximo su potencial, es esencial seguir un proceso estructurado que permita **configurar el entorno, seleccionar los escenarios adecuados y analizar los resultados.** A continuación, se describen los **pasos** principales que se deben seguir para comenzar a utilizar *Cybring* y simular ataques o escenarios de ciberseguridad en redes industriales con total efectividad:

Registro y acceso
- Visita el sitio web oficial de *Cybring* y crea una cuenta proporcionando tus datos personales y/o profesionales. Una vez realizado el registro, inicia sesión en la plataforma.

Selección del modo de entrenamiento
- *Cybring* ofrece diversas modalidades de entrenamiento, incluyendo sesiones individuales en las que podrás ir a tu propio ritmo, o sesiones grupales o de entrenamientos en equipo con o sin instructor. Puedes elegir la modalidad de entrenamiento que mejor se adapte a tus necesidades.

Exploración de la biblioteca de escenarios
- Accede a la extensa biblioteca de laboratorios y escenarios de ataque disponibles en la plataforma. Estos escenarios están diseñados para desafiar diferentes niveles de habilidades; también para cubrir una amplia gama de situaciones en redes IT, OT y SCADA.

Personalización de contenidos
- Si lo prefieres, puedes personalizar los laboratorios y escenarios existentes o crear los tuyos propios utilizando las herramientas de construcción de redes que ofrece la plataforma. Esto te permite adaptar el contenido a tus objetivos específicos de entrenamiento.

Integración de herramientas de seguridad
- *Cybring* es compatible con diversas soluciones de ciberseguridad líderes en la industria. Puedes integrar las aplicaciones específicas de tu organización para enriquecer la experiencia de entrenamiento.

Gestión del entrenamiento
- Utiliza las funciones integradas de la plataforma para programar y planificar futuras sesiones de laboratorio o escenarios. La plataforma proporciona mecanismos de retroalimentación impulsados por inteligencia artificial que evalúan tu desempeño y ofrecen recomendaciones para mejorar tus habilidades.

 **PARA SABER MÁS**

Para obtener información más detallada y totalmente actualizada, visita el sitio web oficial de *Cybring*. Además, puedes solicitar una demostración personalizada para comprender mejor las funcionalidades de la plataforma y cómo estas pueden adaptarse a tus necesidades específicas. Accede a la web desde aquí:

https://redirectoronline.com/ifct00500401

3. Simulación de ataques en redes industriales OT a través de *cyber range*

 HILO CONDUCTOR

Utilizando un *cyber range* para simular ataques en redes OT, como accesos no autorizados y ataques MITM, Mario identificó la necesidad de segmentar la red con VLAN, implementar sistemas de detección de intrusos (IDS/IPS) y aplicar autenticación de doble factor (2FA). Estas simulaciones también permitieron capacitar al personal para una respuesta rápida a incidentes.

Los entornos de **cyber range,** término genérico que hace referencia a entornos simulados diseñados para entrenar y probar habilidades de ciberseguridad, permiten replicar ataques en redes OT, como accesos no autorizados y ataques de intermediario (MITM). Estas simulaciones reproducen escenarios reales, permitiendo identificar fallos en la segmentación de la red, evaluar la eficacia de las estrategias de detección y mejorar las capacidades de respuesta. La segmentación mediante VLAN y la implementación de sistemas IDS/IPS son medidas clave que se derivan de estas pruebas.

Cyber range incluye diversas plataformas y herramientas que permiten replicar escenarios de ataques en redes empresariales, industriales y más. También puede ser desarrollado por diferentes proveedores, ya que no se trata de una marca o producto único. La **plataforma *Cybertrix-Cybring*** puede considerarse un **tipo de *cyber range*** especializado en entornos de redes industriales (ICS/OT); es decir, forma parte de esta categoría, pero con un enfoque particular en infraestructura industrial y procesos de digitalización.

NOTA

A través de actividades relacionadas con la simulación de ataques, también se fomenta la adopción de una cultura de la ciberseguridad industrial. Este enfoque permite que los equipos adopten buenas prácticas aplicables de forma inmediata en procesos de digitalización en entornos operacionales.

3.1. Plataforma *KYPO Cyber Range*

A continuación, profundizamos en las capacidades de la **plataforma *KYPO Cyber Range,*** una herramienta avanzada diseñada para recrear entornos virtuales que permiten simular ataques cibernéticos en redes industriales (ICS/OT). Gracias a su enfoque en la formación práctica y a su compatibilidad con sistemas OT, *KYPO* se posiciona como un recurso clave para identificar vulnerabilidades, probar estrategias de defensa y capacitar equipos en entornos controlados. Este análisis complementa las actividades mencionadas anteriormente, mostrando cómo aprovechar estas tecnologías para fortalecer la seguridad en procesos industriales críticos.

Para trabajar en un entorno virtual aislado y controlado, se utiliza un **sandbox,** que permite ejecutar, probar o analizar programas, aplicaciones o archivos sin que estos interfieran con el sistema operativo principal ni con otros recursos externos. Este tipo de entorno es esencial para garantizar la seguridad y minimizar riesgos al trabajar con contenido potencialmente peligroso o desconocido.

Un *sandbox* es un espacio virtual o máquina virtual aislada diseñada para mantener todo lo que ocurre en su interior completamente confinado. Esto significa que cualquier actividad realizada dentro del *sandbox* no afectará al sistema principal ni se propagará a otros entornos. Es como un laboratorio donde se puede experimentar sin temor a dañar el exterior, por lo que es una herramienta fundamental para mantener la seguridad y el control al trabajar con programas, datos o escenarios potencialmente peligrosos. Su capacidad para aislar procesos lo convierte en un aliado imprescindible en ciberseguridad.

Con un enfoque en la seguridad y la flexibilidad, el *sandbox* no solo protege los sistemas principales, sino que también facilita la innovación y el cumplimiento normativo. A continuación, exploraremos sus principales **características:**

- **Aislamiento completo.** Lo que sucede en el *sandbox* se queda en el *sandbox*. Los procesos y cambios están totalmente separados del resto del sistema.
- **Entorno controlado.** Ofrece un espacio preconfigurado donde se ejecutan aplicaciones o se analizan archivos en un ambiente totalmente seguro. Este escenario ficticio permite simular ataques para estudiar vulnerabilidades y sus estrategias de defensa.
- **Reversibilidad.** Todo lo que se haga dentro del *sandbox* se elimina al cerrarlo, devolviendo el entorno a su estado original.
- **Flexibilidad.** Permite probar diferentes configuraciones, simular ataques o realizar experimentos con total seguridad.
- **Protección de la red.** El *sandbox* actúa como una barrera que evita que actividades maliciosas dentro del entorno puedan propagarse a la red principal, proporcionando un nivel añadido de seguridad.
- **Análisis forense.** Permite estudiar a fondo el comportamiento de *malware,* aplicaciones sospechosas o incidentes de seguridad dentro de un entorno seguro, sin riesgo para el sistema anfitrión.
- **Compatibilidad de aplicaciones.** Facilita la ejecución de aplicaciones en un entorno específico para verificar su funcionalidad en diferentes configuraciones antes de su implementación en producción.
- **Cumplimiento normativo y de políticas de seguridad.** Ayuda a garantizar que las aplicaciones y procesos cumplan con las normativas legales y las políticas de seguridad de las organizaciones, al permitir su evaluación en un entorno seguro antes de ser desplegados.

IMPORTANTE

En un ecosistema de pruebas generado a través de una máquina virtual, los usuarios pueden entender el funcionamiento de un código malicioso y comprender cómo actuar para poder detener el malware a fin de evitar su propagación por el sistema, e intentar hacer desaparecer este programa malicioso en los sistemas que ya han sido infectados.

Tipos de máquinas virtuales

En el mundo de la virtualización, es esencial comprender que existen dos tipos principales de máquinas virtuales, cada una diseñada para cumplir funciones específicas: **máquina virtual de sistemas** y **máquina virtual de procesos.** Estas categorías se diferencian por su funcionalidad y por cómo interactúan con el *hardware* y el *software* anfitrión:

Máquina virtual de sistemas	Máquina virtual de procesos
- Máquina virtual que emula ser un ordenador en todos los sentidos. Este tipo de *software* se hace pasar por un dispositivo informático, de tal manera que con este programa es posible ejecutar otro sistema operativo en su interior.	- Máquina virtual más comedida que la anterior. En vez de emular ser un PC en todos los sentidos, se reconoce como, por ejemplo, una aplicación específica, generando un entorno de ejecución. Recibe el nombre de máquina virtual de proceso porque ejecuta un proceso determinado.

Máquinas virtuales de sistemas

A continuación, se muestran con más nivel de detalle las diferencias entre una máquina virtual de sistema y otra de proceso.

Presta atención a esta primera figura, que representa una **máquina virtual de sistema.**

Representación de máquinas virtuales de sistemas

El despliegue del sistema operativo que es ejecutado dentro de la máquina virtual funciona exactamente igual a como se ejecutaría en un ordenador físico, con la diferencia de que este es un entorno simulado. Esto hace que la máquina virtual desconozca que está dentro de otro sistema operativo y se ejecute de forma totalmente normal.

IMPORTANTE

Es posible crear una nueva máquina virtual dentro de otra.

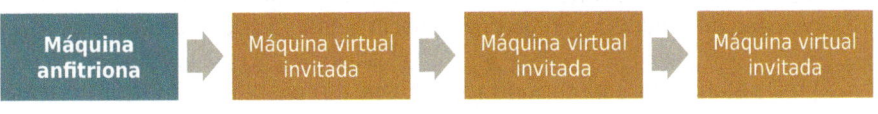

Máquina virtual de sistema Windows 10 dentro de otra máquina virtual de sistema de Windows 10, dentro de otra máquina virtual de sistema de Windows 10.

NOTA

Aunque incluyas una máquina virtual de sistemas dentro de tu ordenador, o bien la insertes dentro de otra máquina virtual de sistema, los datos de la máquina principal (anfitrión) jamás serán accesibles para esas máquinas invitadas *(guest)*, aunque estas estén funcionando dentro del ordenador. Este funcionamiento aislado no es obstáculo para facilitar acciones que impliquen la utilización de archivos entre máquinas, ya que es posible acceder a ellos mediante aplicaciones específicas incluidas en algunas máquinas virtuales que facilitan ciertos atajos.

Máquinas virtuales de procesos

Por el contrario, el mecanismo de una máquina virtual de proceso es mucho más sencillo, puesto que no emula a un ordenador físico sino tan solo un proceso determinado, como puede ser la ejecución de una aplicación.

Presta atención a esta segunda figura, que representa una **máquina virtual de proceso.**

Representación de máquinas virtuales de procesos

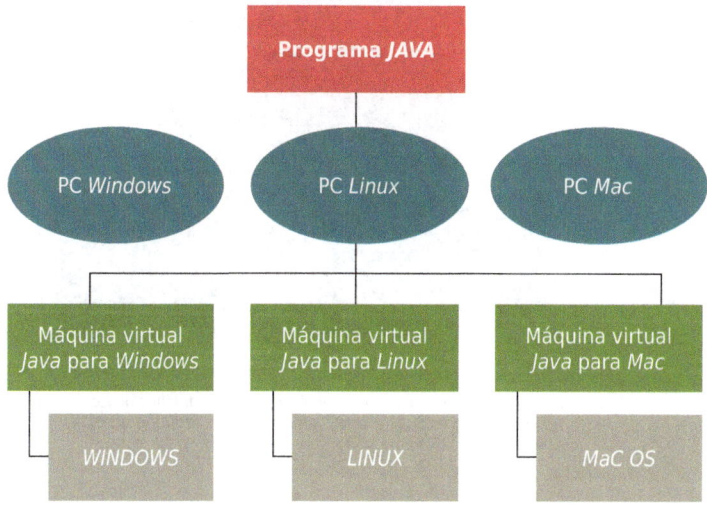

 **IMPORTANTE**

Todos los sistemas operativos de cada máquina virtual mostrados en la imagen experimentarán las mismas funciones del programa informático *Java*, a pesar de ejecutarse en plataformas tan diferentes entre ellas como son las de *Linux*, *Mac* y *Windows*.

En esta unidad se abordará exclusivamente la construcción de máquinas virtuales de sistema.

Funcionamiento y uso de las máquinas virtuales

El hecho de que una máquina virtual pueda quedar integrada dentro de otra es posible gracias a un proceso en el que los sistemas de cada máquina virtual quedan encapsulados unos dentro de otros.

El mecanismo de encapsulamiento implica que muchos de los recursos informáticos del ordenador real serán requeridos por las máquinas virtuales para poder funcionar de forma correcta.

 **APLICACIÓN PRÁCTICA**

Ana va a poner a prueba el sistema de información de su empresa. Para ello, va a emplear una máquina virtual a través de la cual, y empleando técnicas de *hacking,* podrá atacar el sistema operativo dentro de un entorno virtual. Además, la máquina virtual ofrecerá la posibilidad de realizar muchas otras tareas. ¿Podrías indicar cuál de las siguientes acciones no es posible realizar por medio de una MV?

- Experimentar con diferentes configuraciones de sistemas.
- Experimentar con configuraciones de redes.
- Aumentar los recursos del PC anfitrión.
- Ejecutar algún viejo *software* incompatible con el sistema operativo actual.

Solución

Ninguna máquina virtual podrá aumentar los recursos del equipo anfitrión, ya que, para poder funcionar en un entorno virtual, utiliza los propios componentes del ordenador físico o real, llegando a limitar la capacidad computacional de esos recursos.

ACTIVIDAD COMPLEMENTARIA

1. Después de analizar la utilidad de las máquinas virtuales como plataformas de entrenamiento en ciberseguridad mediante la creación de ecosistemas ficticios, es normal tener dudas sobre qué *software* utilizar.

   Para ampliar tu perspectiva sobre las herramientas disponibles, realiza una búsqueda en internet y elige un *software* específico que permita crear y gestionar máquinas virtuales.

Instalación de *VirtualBox*

Es el momento de aprender a instalar el *software* **VirtualBox,** que permitirá crear y gestionar una plataforma de entrenamiento basada en máquinas virtuales. Esta herramienta será fundamental para simular y analizar ciberataques de manera profesional. Para construir y administrar esta plataforma de forma eficiente, se utilizará un conocido *software* gratuito y ampliamente reconocido en el ámbito de la virtualización.

> **VIRTUALBOX**
> **Potente virtualización de código abierto para uso personal y/o empresarial**

ᐈ VirtualBox

- VirtualBox es un programa de descarga gratuita desarrollado por Oracle. Cuenta con numerosas funcionalidades que hacen de él un instrumento realmente atractivo para quienes quieren practicar en un laboratorio virtual sin tener que pagar por la compra de algún otro software comercial. Fuente: www.virtualbox.org

Una vez seleccionada *VirtualBox* como una de las plataformas más recomendadas en el ámbito de la virtualización, es importante seguir atentamente los pasos indicados a continuación para completar su instalación en el equipo informático.

El primer paso es muy sencillo: acceder al sitio web oficial de *VirtualBox*, disponible en www.virtualbox.org, y descargar el instalador correspondiente.

Accede a la web desde aquí:

https://redirectoronline.com/ifct00500402

 **NOTA**

Es posible encontrar nuevas versiones actualizadas de esta máquina virtual.

- -

Pestaña de descarga del instalador del programa VirtualBox

Al clicar sobre el botón **Descarga,** aparecerán varias opciones. En ese momento, se debe seleccionar el tipo de instalador de *VirtualBox* en función del sistema operativo del equipo anfitrión y pulsar **Descargar.**

Inicio de instalación de VirtualBox

Una vez iniciada la descarga del instalador, se mostrará una pantalla que dará la opción de modificar los parámetros predeterminados que se informan en esa ventana. Se puede avanzar sin miedo sin realizar ningún cambio si no es necesario.

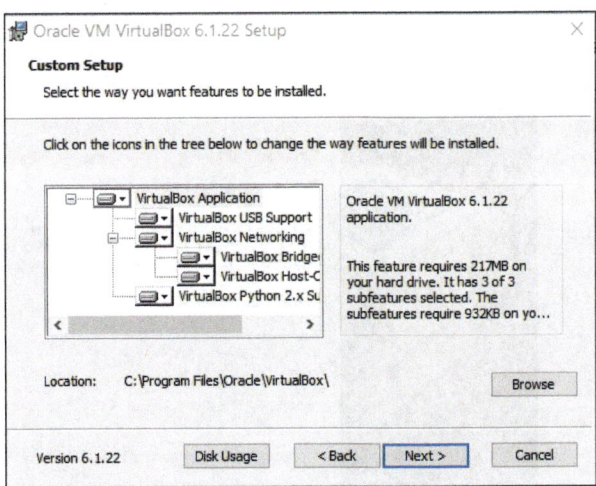

Opciones de la aplicación VirtualBox

Posteriormente, aparecerá una pantalla en la que se indica de nuevo otras opciones. Se trata de crear —o no— el acceso directo a la aplicación, así como también de la posibilidad de establecer una asociación de extensiones entre distintas máquinas virtuales para que se puedan abrir todas ellas desde este mismo programa.

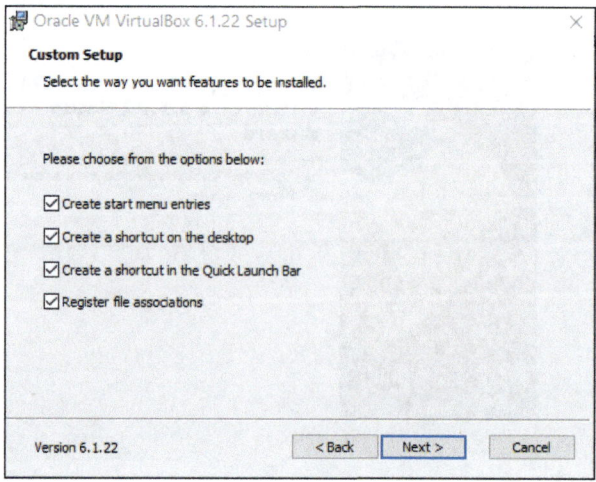

Ventana de permisos de acceso y asociación de extensiones entre máquinas virtuales

Después de pulsar el botón **Next,** emergerá una nueva ventana que mostrará el siguiente mensaje: "La instalación de la función *Oracle VM VirtualBox 6.1.22 Networking* restablecerá su conexión de red y la temporalidad lo desconectará de la red". Esto significa que durante un intervalo de tiempo las interfaces de red van a perder la conexión al aceptar esta opción.

Mensaje de aviso de desconexión

El proceso de instalación de *VirtualBox* comenzará en cuanto aparezca una pantalla que permita revisar la configuración previa.

NOTA

Si consideras que no es necesario realizar cambios, simplemente procede haciendo clic en el botón de instalación para continuar.

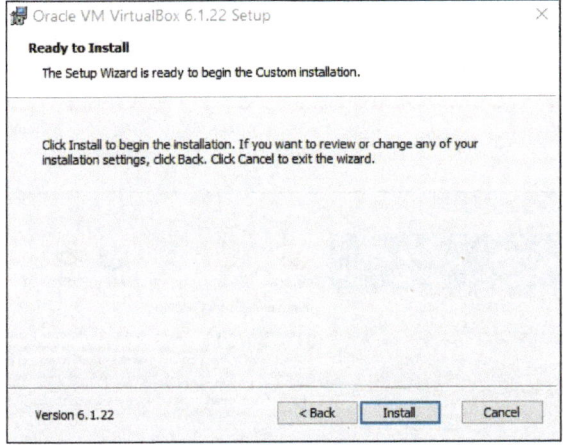

Inicio de instalación del programa

La última ventana indicará que la instalación ha sido satisfactoria y, justamente al clicar sobre el botón **Finish,** se ejecutará la aplicación *VirtualBox.*

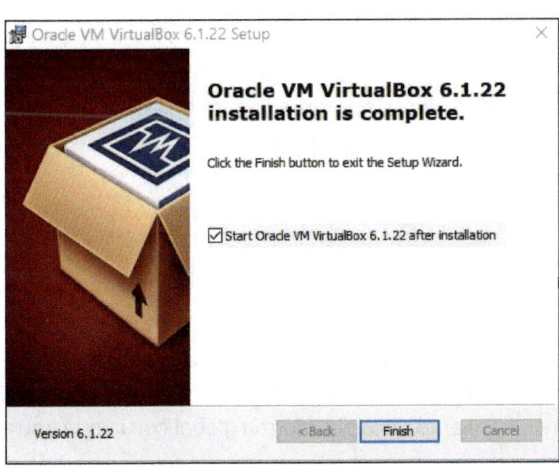

Última ventana antes de la ejecución de la aplicación

A partir de este momento ya es posible abrir la plataforma *VirtualBox* en el ordenador, e indagar todo lo que se quiera sobre esta máquina virtual.

NOTA

Justo en la ventana principal se muestra un mensaje aclaratorio en el que aparece un compendio de herramientas ubicadas en la columna de la izquierda, más una pestaña que, al pulsar sobre ella, listará todas las máquinas virtuales que se hayan podido crear.

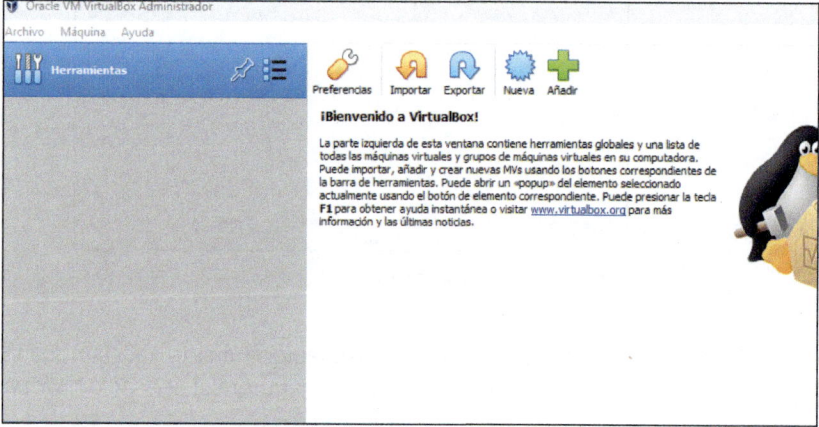

Ventana principal de la aplicación VirtualBox

Ya con *VirtualBox* instalado en el equipo, llega el momento de crear tantas máquinas virtuales como se desee.

CONSEJO

No olvides que cada máquina virtual demandará del sistema real un porcentaje de recursos computacionales, que quedarán reservados a fin de garantizar el buen funcionamiento de la plataforma global con la que entrenarás tus primeros

Continúa en página siguiente >>

<< Viene de página anterior

ataques entre máquinas. Esto significa que podrás crear muchas máquinas virtuales pero no podrás activarlas todas al mismo tiempo, ya que tu sistema carecerá de todos los recursos necesarios.

En seguida es posible iniciar el proceso de creación de una máquina virtual para instalar cualquier sistema operativo. Esto significa que, si se tiene el sistema operativo *Windows* en el equipo, es posible utilizar *VirtualBox* para instalar y ejecutar otro sistema operativo en una máquina virtual. Esto se logra gracias a la capacidad de *VirtualBox* para emular un entorno completamente independiente del sistema operativo principal, conocido como anfitrión.

Por ejemplo, es posible instalar y utilizar sistemas operativos como *Linux*, *macOS* (con ciertas configuraciones específicas), o incluso otras versiones de *Windows*, todo dentro de una máquina virtual, sin afectar el sistema operativo instalado en el equipo físico.

El proceso de instalación de un sistema operativo en una máquina virtual es exactamente el mismo, con independencia del tipo de sistema que se pretenda instalar.

Sistemas operativos en máquinas virtuales

 **ACTIVIDAD COMPLEMENTARIA**

2. En la comunidad *hacker*, es común instalar sistemas operativos antiguos como *Windows XP, Windows XP SP2, Windows Server 2008, Ubuntu Mate*, o *Kali Linux* en máquinas virtuales. ¿Por qué crees que sucede esto?

Continúa en página siguiente >>

<< Viene de página anterior

Reflexiona sobre esta cuestión y elabora una breve explicación de tus ideas en el espacio colaborativo. Considera en tu respuesta factores relacionados con la seguridad, el soporte técnico y las vulnerabilidades de estos sistemas.

La elección de *Kali Linux* para crear la primera máquina virtual para lanzar ciberataques no es casual. Se trata de un sistema muy utilizado por los *hackers* para este propósito, ya que dispone de una variedad de instrumentos de **pentesting** que vienen ya instaladas en el sistema. Por este motivo, a continuación se explicarán detalladamente todos los **pasos** necesarios para crear una máquina virtual con *Kali Linux,* desde la descarga del sistema operativo hasta su configuración en *VirtualBox*. Este proceso te permitirá aprovechar al máximo las herramientas de *pentesting* incluidas en este sistema. A continuación, se exponen los pasos:

⮑ **Paso 1:**

◔ Inicia la ejecución de *VirtualBox.*
◔ En la ventana principal, haz clic sobre el botón **Nueva** señalado en la imagen.

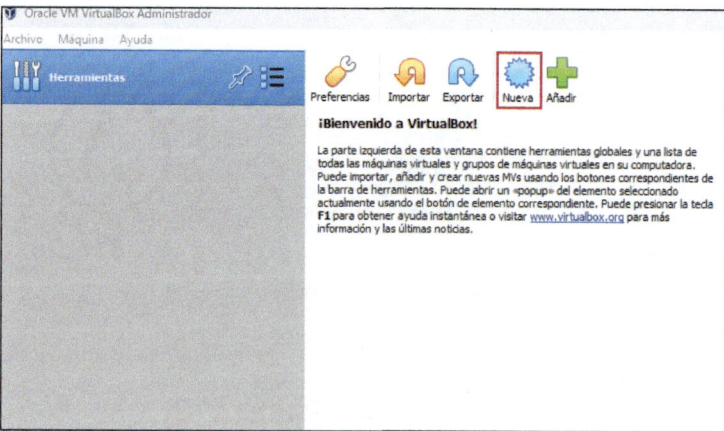

Primer paso para crear MV con Kali Linux

⊃ **Paso 2.** Una vez pulsado el botón **Nueva,** emergerá una ventana en la que se pedirán una serie de datos.

Los datos a rellenar son los siguientes:

⊃ Nombre que le asignarás a la máquina. Puedes cambiar el nombre que viene por defecto y poner el nombre del sistema operativo que estés instalando; para este ejemplo, es *KaliLinux.*

  ☉ En el apartado **Tipo,** deberás seleccionar el sistema operativo dentro del desplegable.
  ☉ En el campo **Versión,** elegirás Debian (32-bit) o (64-bit), según el caso.
  ☉ Pulsa **Next.**

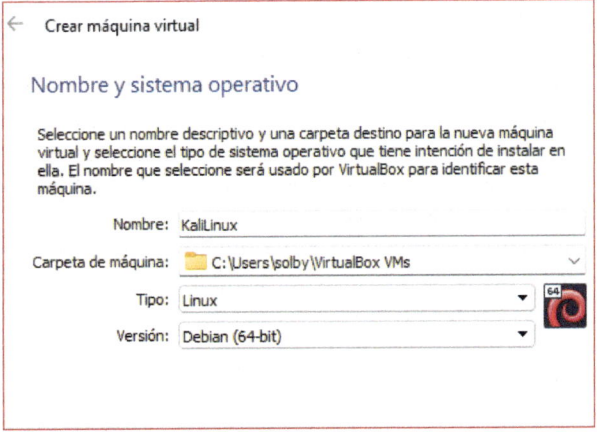

Segundo paso para crear MV con Kali Linux

⊃ **Paso 3.** Con el paso anterior se ha indicado el sistema operativo y la versión que se va a instalar en la máquina virtual de ataque. También se ha asignado el nombre con el que se podrá reconocer a esta primera máquina. Ahora, y tras pulsar **Next,** aparecerá una ventana en la que se ha de indicar cuánta memoria RAM se reservará para esta MV. Una vez decidida la cantidad de memoria que se guardará, hay que pulsar en el botón **Next** para avanzar.

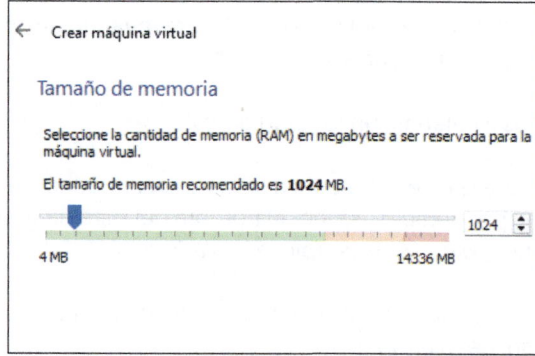

Tercer paso para crear MV con Kali Linux

Por defecto, el programa sugerirá la cantidad de memoria RAM recomendada para la máquina virtual. Sin embargo, es posible personalizar la cantidad de RAM asignada, siempre considerando dos factores clave: **los requisitos específicos del sistema operativo que se desea instalar** y **la cantidad de memoria RAM disponible en el equipo anfitrión.**

⮑ **Paso 4.** En este cuarto paso, aparecerá una ventana que mostrará una recomendación sobre el espacio en disco duro que se asignará a la máquina virtual. Se ha de tener en cuenta que es posible ajustar esta cantidad en cualquier momento según las necesidades. Además, se presentarán tres opciones de configuración de almacenamiento, de las cuales se ha de elegir la que mejor se adapte al proyecto.

Las opciones son:

1. No agregar un disco duro virtual.
2. Crear un disco duro virtual.
3. Usar un archivo de disco duro virtual existente.

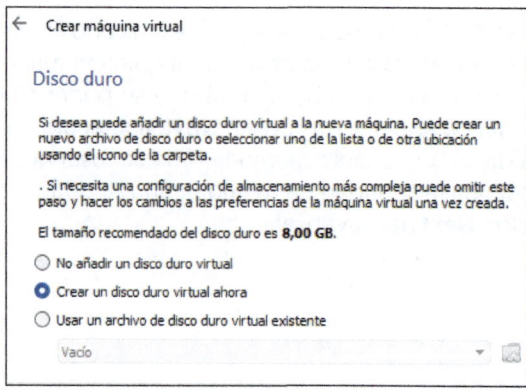

Cuarto paso para crear MV con Kali Linux

Como estás observando, la máquina virtual va requiriendo recursos al equipo anfitrión, que serán consumidos cuando dicha máquina esté activa y comiences a utilizarla.

➲ **Paso 5.** Al optar por crear un disco duro virtual, se abrirá una ventana donde se pedirá seleccionar el tipo de archivo de disco duro que se utilizará. Para este caso, se elige la primera opción:

○ **VDI** *(VirtualBox disk image):* esta selección se realiza porque, en este ejemplo, el *software VirtualBox* será el único utilizado para gestionar la máquina virtual.

←   Crear de disco duro virtual

Tipo de archivo de disco duro

Seleccione el tipo de archivo que quiere usar para el nuevo disco duro virtual. Si no necesita usarlo con otro software de virtualización puede dejar esta configuración sin cambiar.

⦿ VDI (VirtualBox Disk Image)
○ VHD (Virtual Hard Disk)
○ VMDK (Virtual Machine Disk)

Quinto paso para crear MV con Kali Linux

➲ **Paso 6.** Este paso resulta crucial, ya que consiste en configurar el disco duro virtual de manera eficiente para maximizar el uso de los recursos disponibles y evitar desperdicios.
Existen dos opciones para elegir:

○ **Opción 1: reservado dinámicamente.** Seleccionar esta opción permite que el tamaño del disco duro crezca de forma progresiva según las necesidades, utilizando únicamente el espacio requerido en cada momento.
○ **Opción 2: tamaño fijo.** Con esta opción, se reserva de antemano un espacio fijo en el disco duro, lo cual garantiza una mejor estabilidad y rendimiento, aunque utilice más recursos desde el principio.

IMPORTANTE

Si planeas utilizar varias máquinas virtuales como laboratorio de entrenamiento y deseas optimizar el uso del espacio en el disco físico del equipo anfitrión, se recomienda elegir la opción de almacenamiento dinámico. Sin embargo, es importante tener en cuenta que la opción de tamaño fijo puede ofrecer un rendimiento más rápido en el momento de utilizar la máquina virtual. La elección dependerá de tus prioridades entre eficiencia de espacio y velocidad.

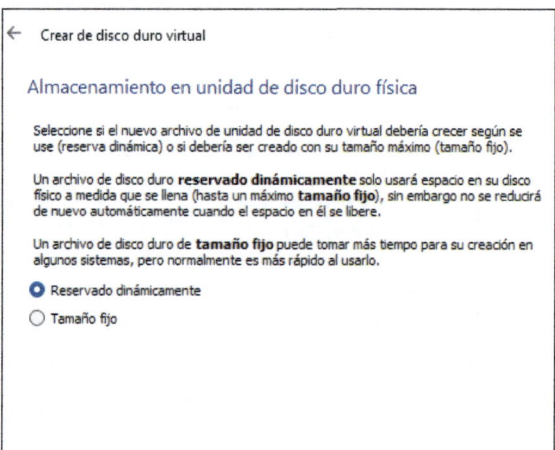

⊃ **Paso 7.** Después de seleccionar el tipo de almacenamiento para el disco duro de la máquina virtual, se accede a la ventana final. En este paso, se tiene la oportunidad de realizar ajustes antes de pulsar el botón **Crear** para completar el proceso.
Las opciones disponibles en este último paso son:

- ◑ Modificar el nombre asignado al archivo de la máquina virtual.
- ◑ Cambiar la ubicación de la carpeta donde se guardará la máquina virtual.
- ◑ Ajustar el tamaño del disco duro reservado previamente.

Este séptimo paso permite asegurarnos de que todas las configuraciones sean correctas antes de proceder con la creación definitiva de la máquina virtual. Luego, tras pulsar el botón **Crear,** se mostrará la máquina creada desde la ventana principal de *VirtualBox.* Llegado este momento, ya es posible comenzar a utilizar la máquina virtual para trabajar en un escenario ficticio que parecerá muy real. Sin embargo, aún faltará realizar algún paso más.

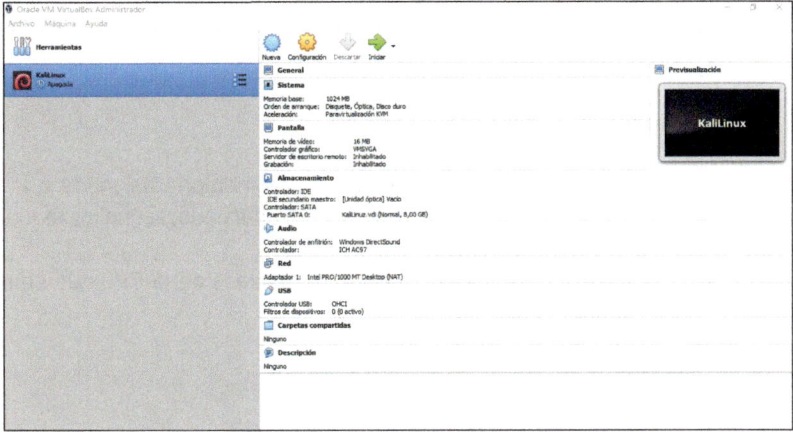

Pantalla inicial de la aplicación VirtualBox en la que aparece la máquina virtual KaliLinux

◐ **Paso 8.** Después de crear la máquina virtual, podrás acceder a su configuración desde el panel de **VirtualBox** para ajustar algunos parámetros clave que aseguren su correcto funcionamiento. Para realizar estos ajustes, simplemente haz clic en el botón **Configuración,** ubicado en la parte superior de la interfaz, como se muestra en la imagen.

Este paso es fundamental para optimizar la máquina virtual según las necesidades específicas del sistema operativo que hayas instalado.

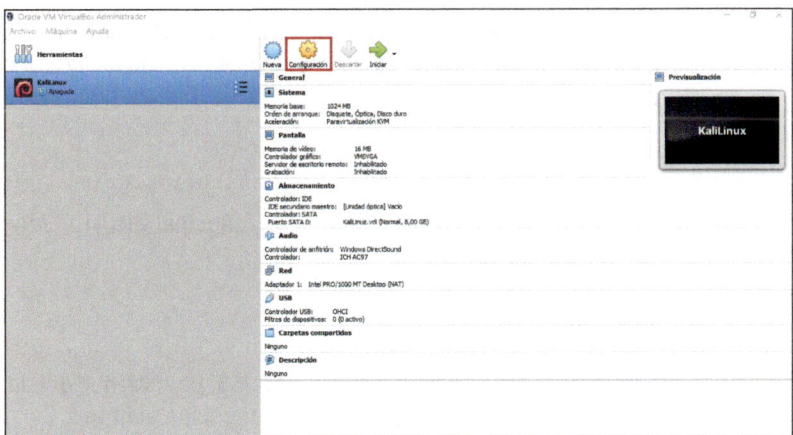

Configuración de opciones de archivo de VirtualBox

SABÍAS QUE...

Los parámetros que puedes ajustar en la configuración de la máquina virtual desde *VirtualBox* son clave para optimizar su funcionamiento. Algunos de los más importantes son:

• Sistema

- Memoria RAM: ajusta la cantidad de memoria asignada a la máquina virtual para asegurar un rendimiento adecuado, según los requerimientos del sistema operativo.
- Procesador: define la cantidad de núcleos de la CPU que se dedicarán a la máquina virtual.

• Pantalla

- Memoria de vídeo: aumenta o disminuye la memoria dedicada a la tarjeta gráfica virtual.
- Aceleración 3D/2D: habilita o deshabilita la aceleración gráfica según lo necesites.

• Almacenamiento

- Asocia un archivo ISO como unidad óptica virtual para instalar sistemas operativos o añadir más discos duros virtuales.

• Red

- Configura el tipo de conexión de red, como NAT, puente o adaptador interno, dependiendo de cómo desees que la máquina virtual interactúe con la red anfitriona o externa.

• Audio

- Habilita o deshabilita el audio en la máquina virtual y selecciona el controlador de sonido.

• Puertos USB

- Configura el soporte para dispositivos USB, permitiendo que la máquina virtual acceda a *hardware* conectado al equipo anfitrión.

Continúa en página siguiente >>

<< Viene de página anterior

- Carpetas compartidas

  · Habilita carpetas compartidas entre el equipo anfitrión y la máquina virtual para transferir archivos fácilmente.

Antes de trastear en las opciones, es importante que compruebes que no tienes ninguna incompatibilidad de configuración. En caso de existir, ante cualquier cambio aparecerá un mensaje de error de configuración. Si te topas con esta incidencia, tendrás que acceder a la BIOS de tu PC. Normalmente se accede apagando el ordenador y manteniendo pulsada la tecla [F10] en el encendido. Una vez hayas accedido, en el apartado de configuración BIOS verás, probablemente, que tienes desactivada la tecnología de virtualización. Basta con dar al botón **Activar** y el problema quedará resuelto.

Llegado a este punto, has aprendido a crear tu primera máquina virtual y a instalarla en tu propio ordenador, utilizando el *software* de creación y gestión de máquinas virtuales *VirtualBox*. Ahora, te dirigirás a la pestaña **Sistema** con idea de clicar dentro de ella y dirigirte a la opción **Procesador.**

Con la configuración del sistema se pretende que puedas manejar con facilidad la reserva de procesador que le proporcionarás a tu máquina virtual, tanto en número de núcleos que le otorgarás como en el porcentaje de capacidad del procesador sobre el total.

Activando el *check* **Habilitar PAE/NX** estarás confirmando, si es el caso, que los procesadores de 32 bits accedan a los 4GB —e incluso más— de memoria RAM. La configuración debe hacerse así porque muchos sistemas operativos que vas a utilizar en las diferentes máquinas virtuales pueden necesitar más recursos para funcionar correctamente, por lo que este *check* debe estar habilitado.

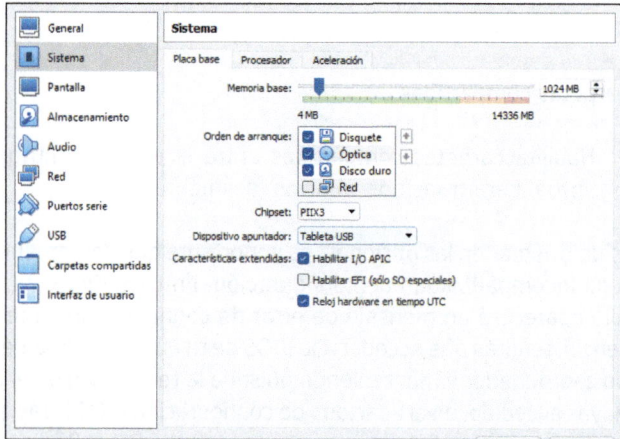

Configuración Sistema

Posteriormente, te dirigirás a la configuración de la pestaña **Red.** Una vez accedas, lo que vas a encontrar son las interfaces de red que estarán disponibles en tu máquina virtual.

Comprobarás que existen varios adaptadores. Sigue primero esta pauta de actuación con el **Adaptador 1.** Este adaptador está conectado a la red interna (si despliegas la pestaña **NAT** lo podrás comprobar), viene así por definición. Aquí puedes modificar el nombre de la red que sale por defecto y seleccionar **Permitir todo** en el apartado **Modo promiscuo.**

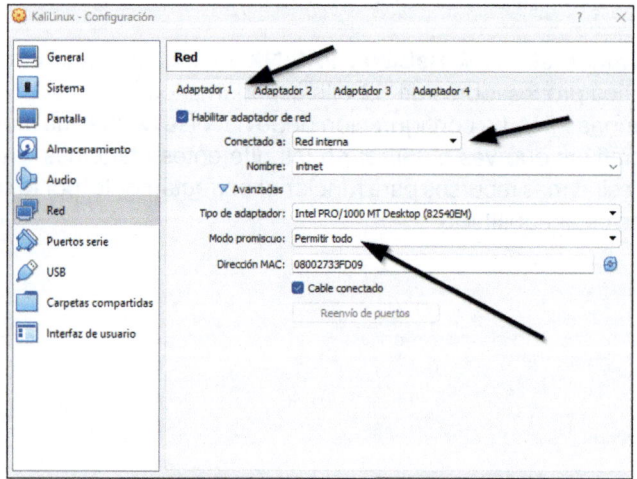

Configuración Red adaptador 1

NOTA

La configuración NAT permite el tráfico de paquetes de información, pues proporciona conexión a internet y facilita que la máquina virtual pueda conectarse con el exterior. Esto será viable siempre que el ordenador anfitrión esté conectado a internet.

APLICACIÓN PRÁCTICA

Manuel ha creado por primera vez máquinas virtuales utilizando el *software VirtualBox.* Al ingresar a la plataforma, puede visualizar cada máquina creada. Sin embargo, antes de continuar, debe configurarlas adecuadamente para garantizar su correcto funcionamiento. Manuel está entusiasmado con esta práctica, ya que pronto podrá realizar sus primeros ciberataques en un entorno seguro y controlado de entrenamiento.

¿Cuáles de las siguientes áreas de configuración de cada máquina virtual debería mantener sin cambios para garantizar su óptimo rendimiento?

- **General -> Avanzado**
- **Sistema -> Procesador**
- **Red -> Adaptador 1**
- **Interfaz de usuario -> Barra de herramientas**

Solución

El área de configuración Red -> Adaptador 1, permite el flujo de paquetes de datos, ya que proporciona conexión a internet, lo cual facilita que la máquina virtual pueda interactuar con redes externas. Esto será posible siempre que el equipo anfitrión esté conectado a internet.

El adaptador 1 está correctamente configurado por defecto, al conectarse automáticamente a la red interna que habilita todo el proceso de conexión. Por este motivo, no es necesario modificar sus parámetros. Sin embargo, si se desea, es posible personalizar el nombre de la red interna sin afectar el funcionamiento.

Inmediatamente después de hacer los pequeños cambios descritos en el apartado anterior, pulsamos en la pestaña **Adaptador 2.** Este adaptador permitirá crear una red interna que conectará todas las máquinas virtuales del laboratorio de entrenamiento, facilitando la comunicación entre ellas. Para garantizar que la máquina que se está configurando también pueda conectarse con el sistema anfitrión, será necesario configurar un adaptador en modo puente en la opción **Conectado a.**

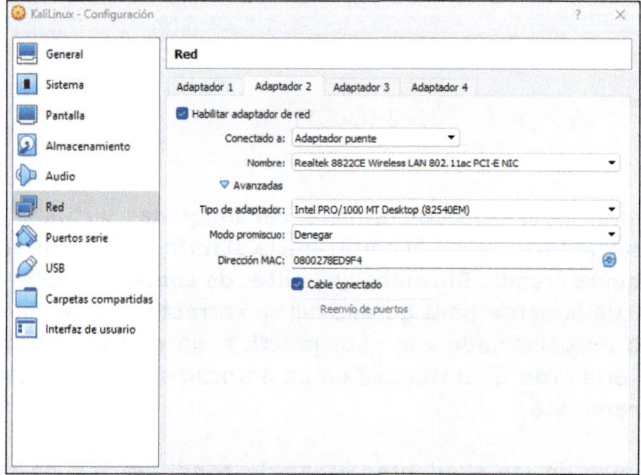

Configuración Red adaptador 2

NOTA

El adaptador puente es el componente que se encarga de establecer la conexión red entre la máquina virtual y el ordenador anfitrión.

- -

Para concluir con las configuraciones iniciales de la MV, te dirigirás al apartado **Interfaz de usuario.** En esta ocasión tan solo has de fijarte en un pequeño detalle para conseguir una correcta configuración de la interfaz de usuario. Basta con que te fijes en el *check* que aparece en la barra de herramientas; este *check* deberá estar siempre habilitado. En caso de confirmar que no lo estuviera, solo has de clicar en la casilla para activarlo.

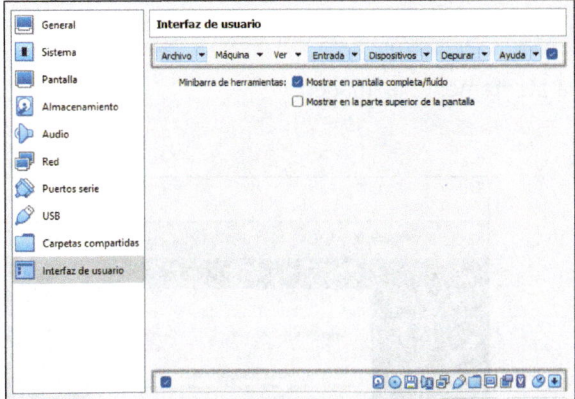

Configuración Interfaz de usuario

Una vez llegado a este punto, estaremos preparados para instalar el sistema operativo en la máquina virtual. El proceso es sencillo y consta de tres pasos que nos guiarán hacia la configuración final del entorno de entrenamiento. Avanza en este ejemplo, en el que utilizaremos **Kali Linux** como sistema operativo. Los principales pasos a seguir para instalar el sistema operativo en MV son:

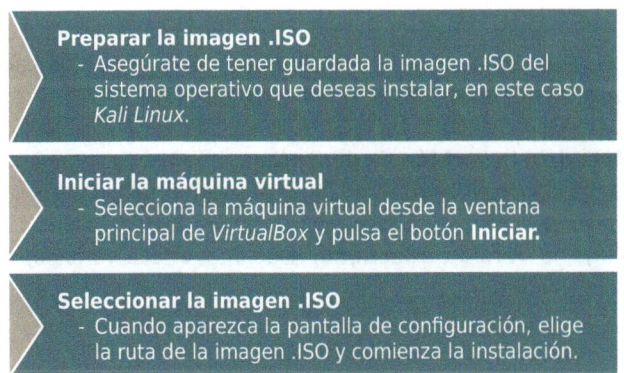

Preparar la imagen .ISO
- Asegúrate de tener guardada la imagen .ISO del sistema operativo que deseas instalar, en este caso *Kali Linux*.

Iniciar la máquina virtual
- Selecciona la máquina virtual desde la ventana principal de *VirtualBox* y pulsa el botón **Iniciar.**

Seleccionar la imagen .ISO
- Cuando aparezca la pantalla de configuración, elige la ruta de la imagen .ISO y comienza la instalación.

 **PARA SABER MÁS**

Es probable que, llegado a este punto, no tengas descargada la imagen ISO de los sistemas operativos a instalar en cada máquina virtual. Si es el caso, te aparecerá el siguiente mensaje en esta ventana final.

Continúa en página siguiente >>

<< Viene de página anterior

Observa atentamente la imagen:

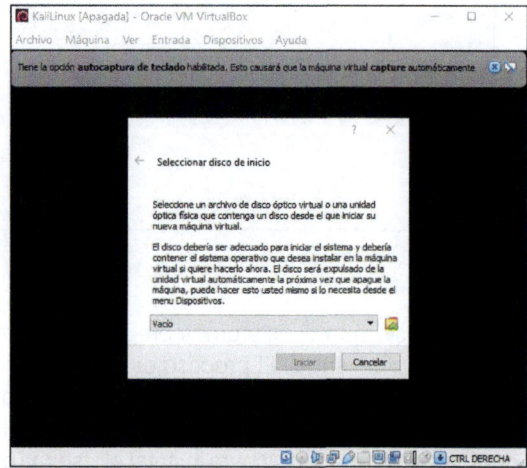

Ruta de almacenamiento vacía porque no existió una descarga previa de la imagen .ISO de Kali Linux.

Puedes obtener la imagen .ISO oficial de *Kali Linux* en su página web oficial: **kali.org.** Sigue estos pasos para descargarla:

1. **Accede a la sección de descargas.** Una vez en la página principal, busca la opción *Download* o *Get Kali* para acceder a las diferentes versiones disponibles.
2. **Elige la versión adecuada.** *Kali Linux* ofrece varias opciones según tus necesidades:

   · Arquitecturas de 64 bits o 32 bits.
   · Imágenes para máquinas virtuales preconfiguradas (si prefieres ahorrar tiempo).
   · **Imágenes estándar para instalación directa.**

3. **Verifica la descarga.** Se recomienda comprobar la integridad del archivo .ISO descargado utilizando las sumas de verificación SHA256 disponibles en la página, para asegurarte de que el archivo no ha sido alterado.

Una vez descargada la imagen .ISO, estarás listo para usarla en tu máquina virtual.

Una vez tengas descargado el sistema operativo, tendrás que incorporarlo a la máquina virtual de una forma muy sencilla.

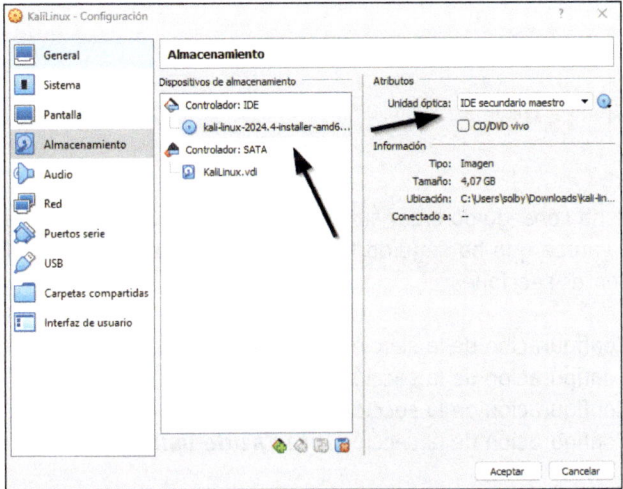

Procedimiento de carga de Kali Linux para dejar el sistema operativo almacenado dentro de la máquina virtual. Basta con clicar en la pestaña Controlador: IDE y pulsar el signo +. Busca el archivo donde tienes descargado y selecciónalo para continuar. En el margen izquierdo despliega las pestañas y clica sobre IDE secundario maestro. Finalmente, pulsa Aceptar y dirígete a la pantalla principal de VirtualBox para pulsar sobre el botón Iniciar.

Con este paso, habrás conseguido que el sistema operativo *Kali Linux* inicie la instalación. Al finalizar, te aparecerá una pestaña que informa de la instalación correcta del sistema operativo.

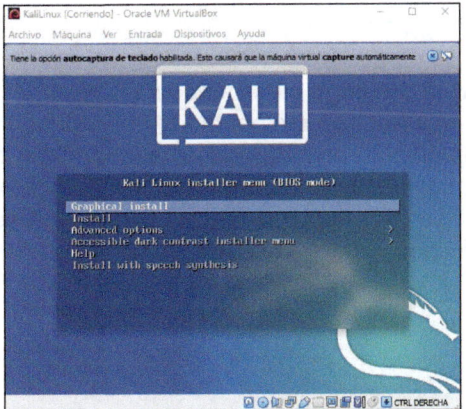

Ventana de instalación de Kali Linux finalizada

A partir de aquí, ya puedes utilizar esta máquina virtual con el sistema operativo *Kali Linux,* como si de un ordenador real se tratara. Ya puedes crear tu siguiente máquina virtual para crear ese ecosistema de entrenamiento virtual, donde podrás practicar una gran diversidad de ciberataques.

 TAREA 1

Lucía ha conseguido crear su primera máquina virtual con el *software Virtual-Box.* Parece que ha seguido los pasos indicados para la configuración de las diferentes secciones:

- Configuración de la sección **General.**
- Configuración de la sección **Sistemas.**
- Configuración de la sección **Red.**
- Configuración de la sección **Interfaz de usuario.**

Sin embargo, surge un problema que impide que su máquina virtual pueda conectarse a internet. ¿Qué aspecto debe comprobar Lucía si realmente parece que las configuraciones son las correctas?

Trata de resolver la incidencia que está impidiendo que funcione correctamente la máquina virtual creada por Lucía, encontrando una solución al problema de conexión relacionada con la configuración.

Plataforma de rango cibernético *KYPO*

La **plataforma de rango cibernético *KYPO*** es una herramienta avanzada de código abierto diseñada por la Universidad de Masayk para la simulación de ciberataques en redes industriales OT. Su sistema de permisos permite un control detallado sobre las acciones y accesos de los usuarios, gestionado a través de cuatro entidades principales: **Usuarios, Grupos, Roles y Microservicios.**

USUARIOS Y GRUPOS	- Cada usuario pertenece, al menos, a un grupo predeterminado, aunque puede formar parte de múltiples grupos según sea necesario. - Los grupos se utilizan para asignar roles específicos a sus miembros, determinando así sus permisos y accesos dentro de la plataforma.
ROLES Y MICROSERVICIOS	- Los roles definen los privilegios y derechos de acceso a diferentes funcionalidades y recursos dentro de la plataforma. - Cada microservicio en *KYPO* tiene roles asociados que controlan el acceso a sus funciones específicas. - Al registrar un microservicio, se importan sus roles correspondientes, incluyendo un rol predeterminado para cada uno.

Representación y relación entre las cuatro entidades principales para la simulación de ataques

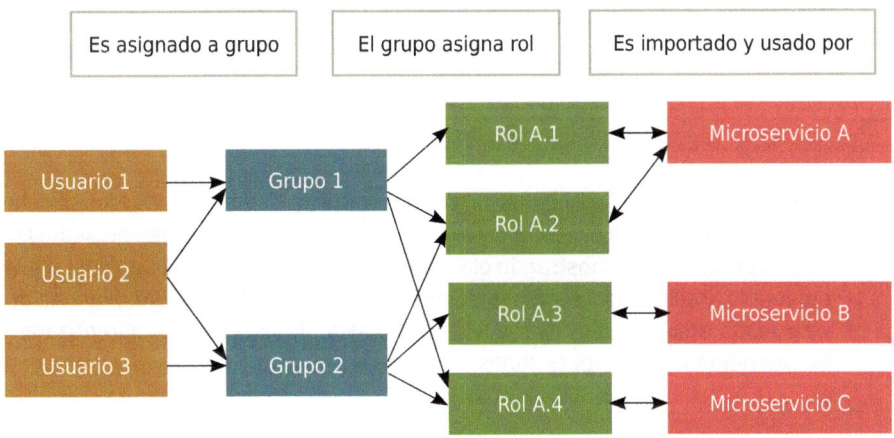

Funcionamiento del sistema de permisos

Al acceder al portal de *KYPO*, los usuarios inician sesión a través de un proveedor de identidad (OIDC).

Tras una autenticación exitosa, se obtiene un *token* de acceso que permite al microservicio de **Usuarios** y **Grupos** determinar los roles asignados al usuario.

Esta información se mantiene durante toda la sesión, garantizando que los usuarios solo accedan a las funcionalidades y recursos permitidos según sus roles.

IMPORTANTE

Si un administrador realiza cambios en los roles de un usuario, es necesario actualizar la página del portal de KYPO para que dichos cambios se apliquen correctamente.

Este sistema de permisos detallado asegura que cada usuario tenga acceso únicamente a las áreas y funciones necesarias para su rol, manteniendo la seguridad y eficiencia en la simulación de ciberataques dentro de la plataforma KYPO.

4. Identificación e implementación de ataques DDOS

☞ HILO CONDUCTOR

Seguidamente, Mario analizó los puntos de entrada a la red de *TechSystems* para posibles ataques DDoS, como servidores expuestos y conexiones no seguras. Simuló un ataque, demostrando el impacto en el rendimiento de la planta. Para prevenirlo, implementó sistemas de mitigación en la nube, configuró límites de velocidad y aplicó reglas de *firewall* para bloquear IP sospechosas, garantizando la continuidad de las operaciones.

Los entornos de *cyber range* —que, como ya sabemos, se trata de un término genérico que hace referencia a plataformas simuladas diseñadas para entrenar y probar habilidades de ciberseguridad— permiten replicar **ataques en redes OT**. Entre estos ataques se encuentran los **accesos no autorizados, ataques de intermediario (MITM)** y, de manera destacada, los **ataques de denegación de servicio sistribuido (DDoS).** Estas simulaciones reproducen escenarios reales, facilitando así la identificación de fallos en la segmentación de la red, la evaluación de la eficacia de las estrategias de detección y la mejora continua de las capacidades de respuesta.

La segmentación mediante VLAN, el uso de sistemas IDS/IPS y la monitorización de tráfico se vuelven aún más relevantes cuando se evalúan ataques de DDoS, ya que en este tipo de incidentes el volumen anómalo de tráfico suele saturar los recursos críticos de la red. La plataforma *Cybertrix-Cybring,* por ejemplo, se considera un tipo de *cyber range* especializado en entornos de redes industriales (ICS/OT), lo cual permite crear escenarios de prueba específicos para los procesos de automatización y digitalización que caracterizan a las infraestructuras industriales.

NOTA

Los ataques de denegación de servicio distribuido (DDoS) representan una amenaza crítica para los sistemas industriales, saturando redes y servicios con un tráfico malicioso que interrumpe las operaciones.

Un ataque de denegación de servicio distribuido o DDoS se produce cuando varios sistemas (normalmente dispositivos *zombie* o *botnets)* inundan un objetivo, un servidor, servicio o red con solicitudes masivas o tráfico malicioso. El propósito es agotar los recursos (ancho de banda, CPU, memoria) y provocar que el servicio legítimo sea inaccesible para los usuarios.

4.1. Origen

Los ataques DDoS suelen originarse en redes de *bots* llamadas *botnets,* que envían un gran volumen de solicitudes simultáneas hacia un objetivo específico. Estos ataques explotan puntos vulnerables, como servidores expuestos o conexiones no seguras, lo cual permite a los atacantes sobrecargar los recursos del sistema.

IMPORTANTE

Entender el funcionamiento desde el principio de los ataques DDoS facilita la implementación de estrategias proactivas, como son la configuración de filtros de tráfico y la identificación de patrones sospechosos. Ambas pueden evitar su propagación.

A continuación, se presentan los principales orígenes de los ataques DDoS, especialmente relevantes para redes OT por su creciente vulnerabilidad ante dispositivos industriales conectados. Cada **apartado** describe un vector de amenaza concreto, muestra cómo surgen los ataques y por qué pueden poner en jaque la continuidad operativa:

Botnets
- Redes de equipos infectados reconocidos como *bots* que son controlados remotamente por un atacante.

Sistemas IoT vulnerables
- Dispositivos industriales o de consumo (como pueden ser cámaras, sensores o PLC) con poca seguridad que se utilizan para amplificar el tráfico.

Herramientas de ataque en foros clandestinos
- Existen kits y *scripts* comerciales o gratuitos que permiten lanzar ataques sin requerir conocimientos técnicos avanzados.

En un entorno OT, la proliferación de dispositivos industriales conectados abre nuevas superficies de ataque. Muchas veces estos sistemas carecen de parches o configuraciones de seguridad robustas, lo cual facilita su incorporación en *botnets* o su uso como blancos de ataques DDoS dirigidos.

En el proceso de implementación en un *cyber range* —o, lo que es lo mismo, **para simular un ataque DDoS en una red OT dentro de un *cyber range*—** se siguen, a nivel general, los siguientes **pasos:**

- **Diseño del escenario.** Se establece la topología de la red industrial, teniendo en cuenta dispositivos ICS/OT como PLC, servidores SCADA, pasarelas de comunicación y segmentación por VLAN o subredes.
- **Configuración de herramientas de ataque.** Se eligen y se configuran *scripts* o herramientas; por ejemplo, *low orbit ion cannon* (LOIC), *high orbit ion cannon* (HOIC), o herramientas más avanzadas de generación de tráfico que simulen los nodos maliciosos.
- **Inyección de tráfico DDoS.** Los nodos *zombie* se programan para lanzar solicitudes masivas o falsificadas contra uno o varios objetivos en la red OT, reproduciendo el patrón de inundación.
- **Observación y medición.** Se analizan los *logs* de IDS/IPS, *firewalls* y otros sensores para entender cómo se propaga el ataque, cómo afecta al rendimiento de la red y qué indicadores tempranos de anomalía se generan.

⊃ **Contramedidas.** Se pone a prueba la efectividad de las configuraciones de *firewall,* sistemas de detección y respuesta (NDR, IDS/IPS) y la segmentación adecuada.

4.2. Detección

La detección temprana es esencial para mitigar el impacto de un ataque DDoS. Esto se logra mediante herramientas de monitoreo que analizan el tráfico en busca de patrones anómalos y sistemas automáticos que activan respuestas inmediatas, como la limitación de tráfico y el bloqueo de IP sospechosas.

En el caso de las redes OT, estos mecanismos de defensa deben aplicarse sin poner en riesgo la disponibilidad de los procesos industriales. Por ello, la simulación previa en un *cyber range* es esencial para calibrar las soluciones de seguridad y asegurarse de que los sistemas críticos continúen operando.

A fin de salvaguardar la continuidad operativa y blindar los sistemas ante ataques DDoS, se hace indispensable conocer y aplicar los mecanismos de detección y mitigación adecuados. A continuación, se indican **las principales estrategias empleadas para identificar y contrarrestar estas amenazas con efectividad:**

Detección de anomalías en el tráfico
- Los sistemas IDS/IPS o soluciones de *network detection & response* (NDR) monitorean patrones de tráfico inusuales, como picos repentinos en paquetes o conexiones simultáneas anormales.

Filtrado y tasa de límite *(rate limiting)*
- Ajustar reglas en *firewalls* o balanceadores de carga para limitar el volumen de solicitudes hacia el objetivo, especialmente si provienen de direcciones IP sospechosas.

Listas blancas/negras
- Implementar un control estricto de acceso, permitiendo solo el tráfico procedente de fuentes legítimas (listas blancas) o bloqueando direcciones IP maliciosas conocidas (listas negras).

Tecnologías de mitigación especializadas
- Uso de soluciones específicas de anti-DDoS provistas por fabricantes o proveedores de servicios que redirigen y filtran el tráfico malicioso antes de que llegue al destino.

A continuación, se presentan **seis escenarios de ataque y defensa** contextualizados para entornos de **ciberseguridad industrial (ICS/OT),** teniendo en cuenta cómo proceder en un laboratorio de *cyber range* en la plataforma *Cybertix-Cybring.* El objetivo es que cada práctica sirva para entrenar, evaluar y reforzar las defensas de la infraestructura industrial bajo condiciones controladas. Algunos de estos **escenarios** son los siguientes.

Intrusión en la red industrial

El objetivo es entrenar la capacidad de los equipos de seguridad para detectar, contener y erradicar intrusiones en un entorno industrial que incluye sistemas SCADA, PLC y otros dispositivos OT.

Implementación en el laboratorio:

1. **Diseño del entorno simulado:**

   ◔ Crear una topología virtual que incluya un segmento OT con PLC (simulados o físicos) y un SCADA básico.
   ◔ Configurar al menos un dispositivo con credenciales por defecto o un puerto mal configurado; por ejemplo, FTP abierto en el PLC.

2. **Lanzamiento del ataque:**

   ◔ El equipo rojo, equipo atacante, ejecuta técnicas de reconocimiento para descubrir los servicios OT expuestos.
   ◔ Se fuerza un acceso no autorizado al PLC mediante credenciales débiles o un *exploit* conocido.

3. **Respuesta del equipo defensor:**

   ◔ Monitorear alertas desde un IDS/IPS industrial; por ejemplo, *Snort* con reglas ICS o *Suricata* con firma industrial.
   ◔ Verificar *logs* en el servidor SCADA y en el *firewall* industrial.
   ◔ Aislar el PLC comprometido mediante el bloqueo de direcciones IP en el *switch* o *firewall* y restaurar configuraciones seguras.

4. **Cierre del ejercicio y análisis:**

   ◔ Revisar las bitácoras, tiempos de respuesta y eficacia de las acciones de contención.
   ◔ Aplicar contramedidas, como deshabilitar servicios innecesarios en el PLC, cambiar contraseñas o segmentar mejor la red.

Aspectos clave:

- ⮩ La **visibilidad de la red** es esencial para identificar dispositivos ICS y protocolos (MODBUS, OPC, etc.).
- ⮩ **Procedimientos claros** de contención agilizan la respuesta y evitan que una intrusión local se convierta en un incidente mayor.

Ataques de *phishing* enfocados en entornos ICS

El objetivo es medir la efectividad de la formación del personal (ingenieros, operadores de planta, personal de TI, etc.) ante correos de *phishing* que podrían abrir la puerta a un ataque contra sistemas de control.

Implementación en el laboratorio:

1. **Campaña de *phishing* simulada:**

   - ◔ Diseñar correos falsos que parezcan provenir de fabricantes de equipos industriales; por ejemplo, actualización de *firmware* para un PLC.
   - ◔ Insertar enlaces que apunten a una página de descarga maliciosa.

2. **Escalamiento de privilegios:**

   - ◔ Si un usuario pica el anzuelo, se instala en su máquina un *malware* simulado.
   - ◔ El atacante intenta saltar desde la red corporativa a la red OT para comprometer servidores SCADA o estaciones de ingeniería.

3. **Reacción defensiva:**

   - ◔ El equipo de respuesta recibe alertas del antivirus/EDR o del IDS cuando se detecta actividad anómala.
   - ◔ Se procede a notificar al usuario, bloquear la máquina comprometida y resetear credenciales.

4. **Evaluación y capacitación:**

   - ◔ Revisar cuántos usuarios abrieron el correo o descargaron el archivo malicioso.
   - ◔ Mejorar la conciencia de seguridad a través de entrenamientos y simulaciones periódicas.

Aspectos clave:

⮑ La **concienciación del personal OT** es vital; no solo el personal de TI está expuesto al *phishing*.
⮑ Una **segmentación robusta** entre red corporativa y red OT limita el impacto en caso de infección.

Simulación de denegación de servicio (DoS/DDoS) en ICS

El objetivo es poner a prueba la resiliencia de la infraestructura industrial ante un ataque de volumen masivo o tráfico malicioso dirigido a elementos esenciales de producción.

Implementación en el laboratorio:

1. **Inyección de tráfico malicioso:**

   ◑ Configurar una o varias máquinas virtuales *zombies* que generen grandes volúmenes de peticiones contra el servidor SCADA o el HMI.
   ◑ Utilizar herramientas de prueba de carga; por ejemplo, LOIC/HOIC, u otras más avanzadas adaptadas para redes ICS.

2. **Observación y registro:**

   ◑ Monitorizar el rendimiento del HMI y/o el historiador SCADA (CPU, memoria, latencia de red).
   ◑ El equipo defensor debe identificar patrones de tráfico inusual y proceder con el bloqueo, revisando *firewalls* y configuraciones de tasa de límite.

3. **Medidas de mitigación:**

   ◑ Aplicar listas de control de acceso en el *firewall* industrial.
   ◑ Ajustar límites de conexiones simultáneas o implementar un balanceador de carga.

4. **Análisis y ajustes:**

   ◑ Revisar la eficacia de la segmentación. ¿El ataque saturó únicamente la zona de datos, o se propagó a la zona de control?
   ◑ Implementar o mejorar planes de contingencia, como *backup* de servidores y conmutación en caso de sobrecarga.

Aspectos clave:

- ⮑ La **disponibilidad** es prioritaria en entornos industriales, ya que cualquier indisponibilidad puede paralizar procesos críticos.
- ⮑ Contar con **redundancia** y un plan de contingencia bien probado es esencial para minimizar el impacto.

Exfiltración de datos en la fábrica

El objetivo es evaluar la detección y prevención de robo de información crítica (recetas de producción, planos de maquinaria, datos de procesos) desde la red OT.

Implementación en el laboratorio

1. **Configuración de datos sensibles:**

   - Crear archivos o bases de datos simuladas con información de procesos, diseños técnicos, etc.
   - Ubicarlos en servidores OT; por ejemplo, un servidor de archivos para ingenieros.

2. **Simulación de exfiltración:**

   - Un usuario malicioso (interno) o un *malware* intenta transferir estos datos a un servidor externo vía HTTP/FTP/SMTP, o incluso mediante un protocolo no estándar.
   - El equipo rojo busca evadir medidas de seguridad como ofuscación de tráfico y puertos inusuales.

3. **Detección y respuesta:**

   - El equipo defensor debe contar con DLP *(data loss prevention)* o sistemas de monitoreo para analizar el tráfico saliente.
   - Se revisan las alertas generadas, se bloquea el tráfico sospechoso y se rastrea al dispositivo origen.

4. **Informe posejercicio:**

   - Analizar cuán rápido se detectó el incidente.
   - Implementar listas de control de acceso más estrictas y reforzar la autenticación en servidores OT.

Aspectos clave:

○ **Vigilar el tráfico saliente** es tan importante como vigilar el tráfico entrante.
○ **Las políticas de acceso** y la gestión de privilegios son la primera línea de defensa para evitar fugas de información industrial.

Ataque combinado en un proceso industrial crítico

El objetivo es medir la capacidad de reacción ante un ataque que combina manipulación del proceso, intrusión en sistemas SCADA y posible sabotaje físico.

Implementación en el laboratorio:

1. **Diseño de un proceso industrial simulado:**

   ○ Emplear un entorno que represente un proceso de manufactura o distribución; por ejemplo, control de temperatura/flujo.
   ○ Programar un PLC con parámetros críticos como temperaturas, presiones, velocidades, etc.

2. **Acción del atacante:**

   ○ El equipo rojo modifica valores de proceso en el PLC; por ejemplo, aumenta la temperatura por encima de lo seguro.
   ○ Paralelamente, deshabilita alertas o modifica la HMI/SCADA para que los operadores no vean la alteración a tiempo.

3. **Reacción coordinada:**

   ○ El personal de ciberseguridad y los ingenieros de planta deben notar inconsistencias; por ejemplo, alertas físicas versus lecturas digitales.
   ○ Se procede a restaurar configuraciones correctas en el PLC y a reactivar alarmas.
   ○ Se revisan *logs* y sistemas de auditoría para identificar cuándo y cómo se produjeron los cambios no autorizados.

4. **Conclusiones y mejoras:**

   ○ Ajustar la segregación de roles: ingenieros, operadores, administradores de seguridad.
   ○ Fortalecer la monitorización en tiempo real de variables de proceso.

_____

Aspectos clave:

- ⮥ La colaboración entre **ingenieros de planta y personal de ciberseguridad** es fundamental; el conocimiento profundo del proceso industrial permite detectar y revertir anomalías con rapidez.
- ⮥ Mantener **registros de cambios** (auditoría) en PLC y SCADA facilita la investigación forense.

_____

Incidentes simultáneos en distintas zonas de la planta

El objetivo es evaluar la priorización y coordinación cuando se presentan dos o más incidentes al mismo tiempo; por ejemplo, un DDoS en la zona corporativa y una intrusión física en la zona OT.

Implementación en el laboratorio:

1. **Simulación múltiple:**

   - ↻ Iniciar un ataque DDoS contra el servidor de correo o la intranet corporativa.
   - ↻ Al mismo tiempo, lanzar una intrusión en la red OT como la explotación de PLC o acceso físico no autorizado.

2. **Coordinación de equipos:**

   - ↻ El centro de operaciones asigna recursos: un grupo se enfoca en contener el DDoS y asegurar la conectividad empresarial.
   - ↻ Otro grupo trabaja en detectar y aislar el ataque en OT, evitando paradas de producción o manipulación de procesos.

3. **Evaluación de la crisis:**

   - ↻ Verificar el plan de gestión de incidentes: ¿cada rol sabe qué hacer?, ¿quién informa a la alta dirección?
   - ↻ Valorar la eficacia de las comunicaciones internas, la escalada de privilegios y los tiempos de respuesta.

4. **Aprendizaje y mejoras:**

   - ↻ Documentar las decisiones tomadas y proponer ajustes en los protocolos de comunicación entre áreas.
   - ↻ Mejorar la automatización de ciertas tareas, como bloquear IP maliciosas, crear reglas temporales de *firewall,* etc.

Aspectos clave:

- ➲ La **comunicación y coordinación** entre TI, OT y las áreas directivas es clave para manejar incidentes múltiples.
- ➲ Un plan de crisis bien diseñado con **roles definidos** agiliza la respuesta y minimiza daños.

NOTA

Cada uno de los escenarios de ataque y defensa recreados en un laboratorio de *cyber range* como *Cybertix-Cybring* permite a las empresas adelantarse a las amenazas reales, fortaleciendo la resiliencia de sus procesos y la protección de su infraestructura crítica:

- Evaluando las herramientas de seguridad actuales (IDS/IPS industriales, *firewalls,* segmentación).
- Midiendo la competencia y la coordinación del personal técnico y operativo.
- Afinando procedimientos de respuesta y planes de contingencia ante incidentes complejos.

5. Resumen

Con un enfoque práctico, se abordan los retos de la ciberseguridad industrial, destacando la importancia de la anticipación, el liderazgo y el trabajo en equipo. A través del uso de plataformas avanzadas como *Cybertrix-Cybring* y *KYPO,* se adquieren competencias clave para proteger infraestructuras críticas en entornos OT. El siguiente esquema sintetiza los elementos clave para fortalecer la protección de sistemas críticos, integrando tecnologías avanzadas y metodologías de simulación realista en ciberseguridad.

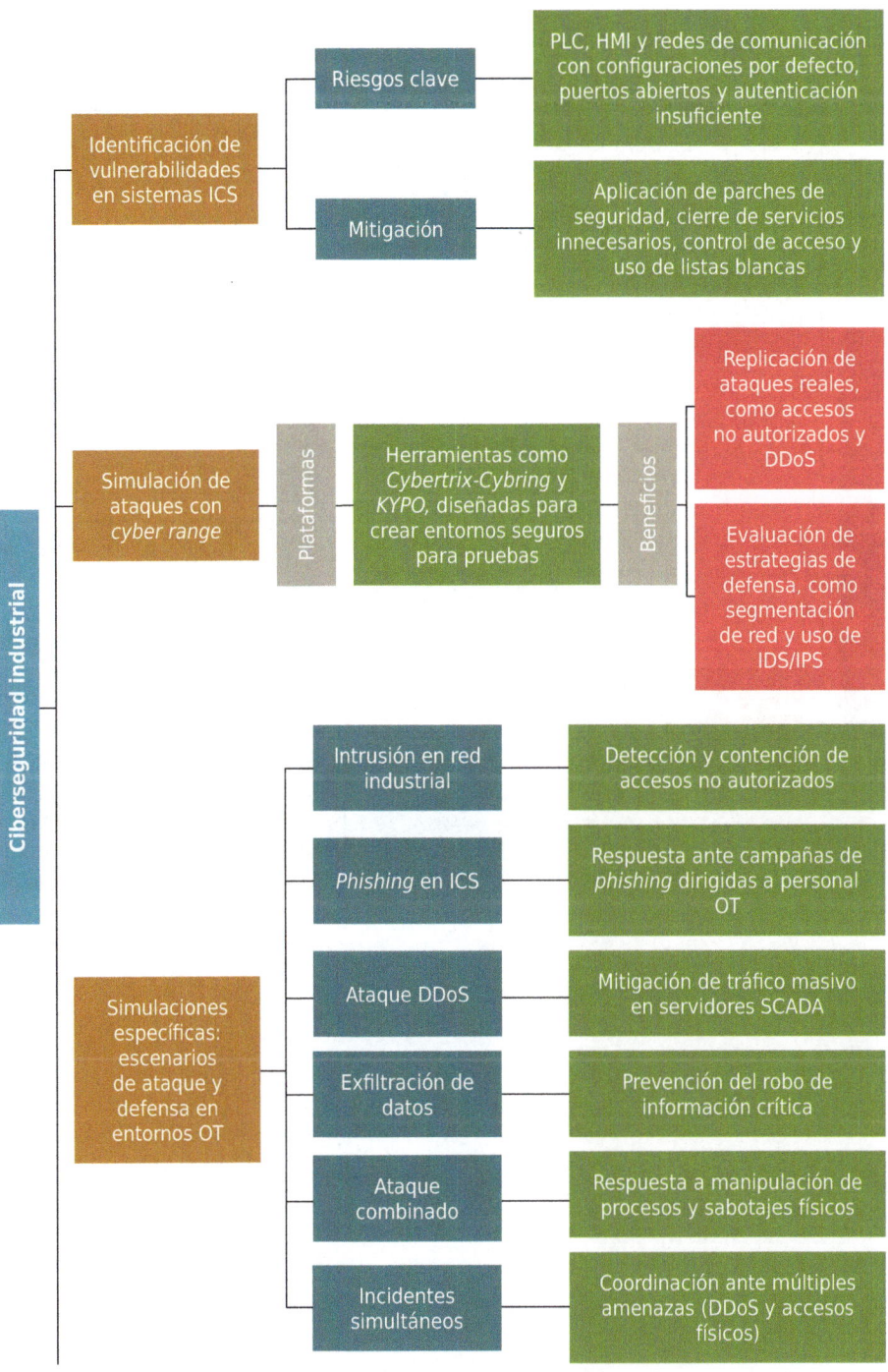

Continúa en página siguiente >>

<< Viene de página anterior

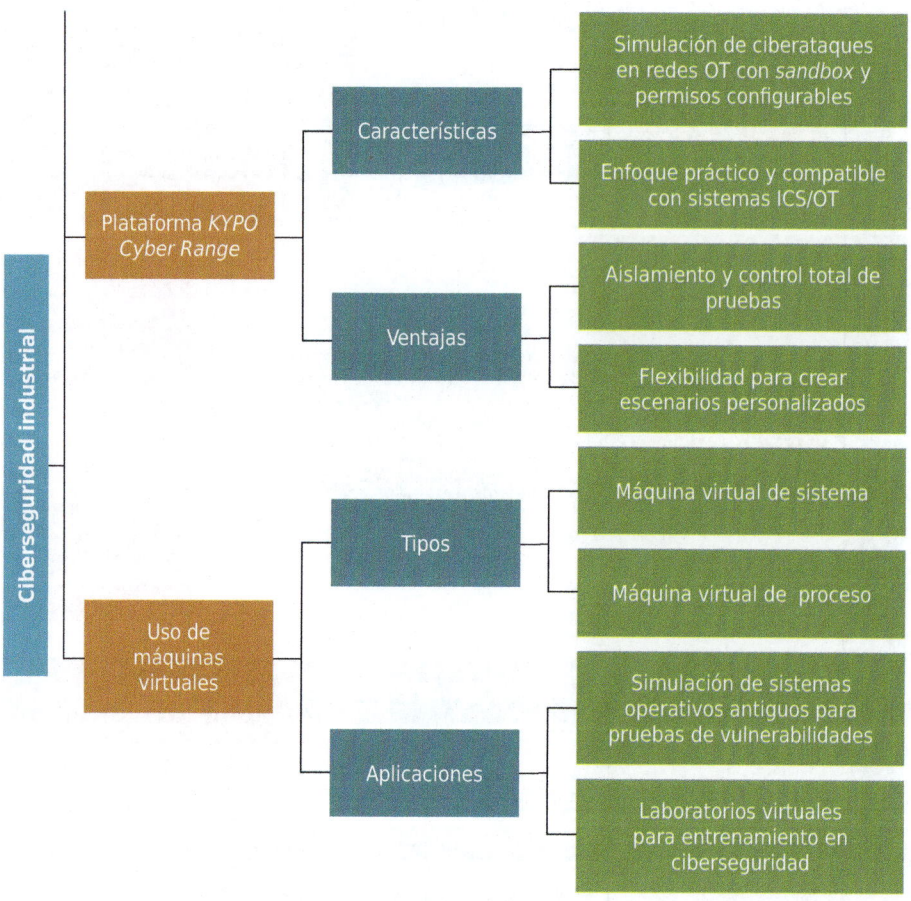

Ejercicios de autoevaluación
Unidad de Aprendizaje 1

1. Indica si las siguientes afirmaciones son verdaderas o falsas:

a. Las plataformas como *Cybertrix-Cybring* permiten simular ataques para evaluar la seguridad de los sistemas industriales.

- ■ Verdadero
- ■ Falso

b. En la ciberseguridad industrial, la disponibilidad garantiza que los sistemas estén accesibles solo durante el horario laboral.

- ■ Verdadero
- ■ Falso

c. El *pentesting* es una técnica para analizar y explotar vulnerabilidades en sistemas de control industrial.

- ■ Verdadero
- ■ Falso

2. ¿Qué objetivo persigue la simulación de ataques en plataformas como *Cybertrix-Cybring*?

a. Verificar la usabilidad del sistema.
b. Evaluar la efectividad de las medidas de seguridad implementadas.
c. Aumentar la capacidad de almacenamiento del sistema.
d. Detectar vulnerabilidades solo en redes wifi.

3. ¿Qué elemento clave define la seguridad en los sistemas industriales?

a. Redundancia
b. Confidencialidad
c. Conexión constante a la nube
d. Escalabilidad

4. ¿Qué se entiende por *pentesting* en la ciberseguridad industrial?

    a. El monitoreo en tiempo real de datos sensibles
    b. Un análisis para identificar y explotar vulnerabilidades
    c. La implementación de medidas de seguridad física
    d. El control de acceso biométrico en plantas industriales

5. ¿Cuál es la principal ventaja de realizar pruebas de seguridad en entornos simulados?

    a. Garantizar la disponibilidad constante del sistema.
    b. Reducir costes operativos de la infraestructura.
    c. Minimizar riesgos en los sistemas reales.
    d. Mejorar la estética de los paneles de control.

6. ¿Qué función cumple la autenticación en la seguridad industrial?

    a. Asegurar el acceso autorizado a los sistemas.
    b. Garantizar la disponibilidad del sistema.
    c. Proteger los datos en tránsito.
    d. Bloquear completamente el acceso remoto.

7. ¿Qué se entiende por ciberamenaza?

    a. Un usuario que no tiene entrenamiento adecuado
    b. Una prueba de rendimiento en un sistema de control
    c. Una herramienta de auditoría automatizada
    d. Una debilidad explotada para dañar sistemas o datos

8. ¿Qué ventaja ofrece la utilización de plataformas como *Cybertrix-Cybring*?

    a. La implementación automática de contraseñas seguras
    b. El acceso remoto sin necesidad de autenticación
    c. El análisis en tiempo real del tráfico en redes sociales
    d. La simulación segura de ataques cibernéticos

9. ¿Qué principio fundamental busca asegurar la disponibilidad en sistemas industriales?

    a. Prevenir interrupciones en los procesos operativos.
    b. Aumentar la velocidad de procesamiento.
    c. Diseñar interfaces más intuitivas para los usuarios.
    d. Reducir el tamaño físico de los equipos.

10. ¿Cuál de las siguientes medidas es clave para proteger la integridad de los datos en los sistemas industriales?

    a. Garantizar que los datos no sean modificados sin autorización.
    b. Permitir el acceso remoto a los datos sin restricciones.
    c. Asegurar la disponibilidad constante de los sistemas.
    d. Proporcionar copias de seguridad solo en horario laboral.

Protección de redes industriales

Contenido

Objetivos

El objetivo general de esta Unidad de Aprendizaje es:

→ Adquirir prácticas en ciberseguridad industrial mediante la realización de ciberejercicios básicos y avanzados, comprendiendo estrategias ofensivas y defensivas *(red team / blue team)* para evaluar y mitigar amenazas en redes industriales.

Los objetivos específicos de esta Unidad de aprendizaje son:

→ Obtener visión *red team / blue team,* entendiendo los modelos de ataque y desarrollando capacidades de protección y defensa.

→ Aplicar herramientas de simulación de ataques OT/IoT sobre el diseño de redes virtuales *a priori* seguras.

→ Crear un plan de respuesta ante incidentes adoptando el marco de trabajo propuesto por el NIST *(National Institute of Standards and Technology).*

→ Obtener conocimientos para la automatización de la protección de sistemas.

1. Introducción

En un mundo empresarial cada vez más interconectado, la ciberseguridad industrial se ha convertido en una necesidad crítica para la protección de infraestructuras esenciales. La digitalización de procesos industriales ha impulsado la eficiencia y la automatización, pero también ha expuesto a las organizaciones a nuevas amenazas. Los ataques dirigidos a entornos OT *(operational technology)* pueden comprometer, sin duda, sistemas de producción, afectar a la seguridad de los trabajadores y generar pérdidas económicas significativas.

Ante este desafío, es fundamental comprender tanto las estrategias ofensivas como defensivas en ciberseguridad. Los enfoques *red team* y *blue team* permiten a los profesionales simular ataques reales y desarrollar respuestas efectivas para mitigar riesgos. A través del análisis de modelos de ataque y la aplicación de medidas de protección, es posible fortalecer la seguridad en infraestructuras críticas, minimizando vulnerabilidades y reduciendo el impacto de posibles intrusiones.

El uso de herramientas avanzadas, como los gemelos digitales y la automatización de la protección, permite evaluar y mejorar las defensas en tiempo real. Estas tecnologías facilitan la simulación de ataques, la detección de anomalías y la optimización de estrategias de protección. Integrar soluciones de ciberseguridad en el diseño de redes industriales es clave para garantizar la resiliencia de los sistemas y evitar interrupciones en la operación.

Esta unidad proporciona una visión integral de los ciberejercicios en ciberseguridad industrial, abordando desde la evaluación de escenarios de *ransomware* hasta la aplicación de herramientas de securización en redes OT/IoT. Mediante un enfoque práctico, se desarrollarán competencias para enfrentar con éxito las ciberamenazas, y mejorar la protección de infraestructuras críticas en entornos industriales.

Para ilustrar estos conceptos de manera aplicada, seguiremos la historia de Mario, un ingeniero en ciberseguridad industrial que se topa con desafíos reales en la protección de redes industriales. A través de su experiencia, exploraremos los distintos aspectos de la ciberseguridad en entornos OT y las estrategias clave para mitigar amenazas y garantizar la seguridad operativa.

2. Evaluación escenarios de *ransomware* OT/IT

☞ HILO CONDUCTOR

Mario, experto en ciberseguridad industrial, fue convocado por un posible ataque de *ransomware* en la infraestructura OT de TechSystems. Evaluó accesos remotos y dispositivos conectados, detectando sistemas sin *backups* actualizados. Diseñó simulaciones de ataque, reforzó la segmentación de red y estableció un plan de respaldo frecuente. Además, implementó un protocolo de respuesta para capacitar al equipo. Estas medidas fortalecieron la resiliencia de la empresa ante ataques.

El **ransomware** es una de las amenazas más críticas en el entorno industrial, ya que puede paralizar la producción y comprometer la integridad de los sistemas OT/IT. En este apartado, exploraremos cómo evaluar escenarios de *ransomware* en infraestructuras industriales y las mejores estrategias para mitigar sus efectos.

2.1. Comprendiendo el *ransomware* en entornos industriales

El *ransomware* es una de las amenazas más peligrosas para los sistemas industriales, ya que su impacto puede ir más allá de la pérdida de datos, afectando a la producción, la seguridad de los trabajadores y la estabilidad operativa de una empresa. En los entornos OT *(operational technology)*, este código malicioso tiene una serie de implicaciones específicas que lo hacen aún más dañino que en los sistemas de TI convencionales.

Ransomware es un tipo de malware que cifra archivos, sistemas o redes enteras, bloqueando el acceso a los usuarios legítimos hasta que se pague un rescate. En los entornos OT/ICS (industrial control systems), este tipo de ataque puede paralizar líneas de producción, comprometer la seguridad de infraestructuras críticas y causar pérdidas económicas millonarias.

A diferencia de los ataques en sistemas **TI tradicionales,** donde el principal objetivo es la extorsión financiera, los ataques de *ransomware* en OT pueden tener diferentes motivaciones.

A continuación, se nombran algunos motivos que mueven a la ciberdelincuencia a inyectar un *ransomware* en un sistema industrial:

En los entornos empresariales, un *ransomware* se propaga de formas similares a los ataques en entornos TI, pero con variaciones adaptadas a los sistemas ICS.

A continuación, se muestra cómo operan los ataques de *ransomware* en redes OT/IT, incluyendo sus métodos de propagación y sus impactos en la producción:

- ⮫ ***Phishing* y ataques a empleados.** Los ataques de *phishing* siguen siendo el método más común para la distribución de *ransomware.* Los atacantes engañan a los empleados para que descarguen archivos infectados o hagan clic en enlaces maliciosos. En el contexto industrial, los correos pueden parecer solicitudes legítimas de proveedores o documentos internos de la empresa.

  Por ejemplo, un profesional de la ingeniería recibe un correo con un archivo de una falsa actualización para un PLC. Al abrirlo, instala *ransomware* que se propaga a toda la red.

- ⮫ **Vulnerabilidades en redes industriales.** Muchas infraestructuras OT utilizan dispositivos antiguos que no han sido actualizados o parcheados, lo cual los hace vulnerables a ataques. Los ciberatacantes escanean la red en busca de estas debilidades y las explotan para instalar *ransomware.*

  Por ejemplo, un *hacker* no ético identifica un servidor SCADA con una versión antigua y sin parches de seguridad. Usando un *exploit* conocido, instala *ransomware* y bloquea el acceso a los operarios.

- ⮫ **Dispositivos USB infectados.** Dado que muchas redes OT están aisladas, los atacantes utilizan dispositivos USB infectados como vector de entrada. Un técnico que introduce un USB con *malware* en una estación de trabajo sin protección puede desencadenar sin saberlo un ciberataque en toda la red.

  Por ejemplo, un miembro del personal de mantenimiento usa una memoria USB para cargar un archivo de configuración en un HMI. El *ransomware* se ejecuta automáticamente y cifra el sistema.

- ⮫ **Ataques a proveedores y *software* de terceros.** Las cadenas de suministro son otro punto vulnerable. La ciberdelincuencia puede comprometer el software de un proveedor para introducir *ransomware* en las empresas que lo utilizan.

  Por ejemplo, un *software* de monitoreo de sensores industriales recibe una actualización contaminada con *ransomware*. Desgraciadamente, todas las empresas que instalan la actualización quedan infectadas.

El *ransomware* en OT no solo afecta a la operatividad, sino que puede poner en riesgo la vida de las personas.

Seguidamente, se nombran **impactos del *ransomware*** en un ecosistema industrial:

Parálisis de la producción	- Las líneas de ensamblaje y los procesos automatizados podrían detenerse por completo y de manera repentina.
Daño a la infraestructura	- Si el ataque afecta a sistemas de seguridad, se puede presentar una sobrecarga en máquinas o fallos críticos que no solo podrían comprometer las infraestructuras, sino que también podrían poner en riesgo la seguridad del personal.
Riesgo para los trabajadores	- Si un ciberataque de *ransomware* impide el control de sistemas de seguridad, es fácil que se produzcan accidentes en la planta no controlados.
Pérdidas económicas	- Una interrupción prolongada puede implicar un coste de millones en pérdidas por inactividad y reparación.
Daño reputacional	- Las empresas afectadas por un *ransomware* pueden perder la confianza de su clientela y socios comerciales.

 SABÍAS QUE...

En junio de 2017, el *ransomware* **NotPetya** se propagó globalmente, causando estragos en múltiples organizaciones, incluidas empresas de logística, bancos y sistemas gubernamentales. Una de las víctimas más afectadas fue *Maersk*, la mayor compañía de transporte marítimo y logística del mundo, con una flota de más de 600 barcos y operaciones en más de 130 países. Este ataque ha sido considerado como uno de los más devastadores de la historia debido a su rápida expansión y su capacidad destructiva. El ataque comenzó en Ucrania, donde los atacantes lograron comprometer *M.E.Doc,* un *software* de contabilidad muy utilizado en el país. Este *software* fue manipulado para distribuir una actualización maliciosa que contenía el *ransomware NotPetya.* Una vez dentro de un sistema, el *ransomware* explotó vulnerabilidades en *Windows,* como **EternalBlue** (la misma utilizada por el *ransomware WannaCry),* y se propagó sin necesidad de intervención del usuario. A diferencia de otros *ransomware, NotPetya* no solo cifraba archivos, sino que sobrescribía el **master boot record** (MBR), bloqueando completamente el acceso al sistema y haciéndolo irrecuperable.

Continúa en página siguiente >>

<< Viene de página anterior

Aunque *NotPetya* se disfrazaba de un *ransomware*, en realidad se trató de un **wiper,** ya que su intención no era extorsionar a las víctimas, sino destruir datos de forma irreversible.

- -

Además de afectar a la producción y a los sistemas operativos, un ciberataque de *ransomware* **consigue comprometer datos confidenciales y personales almacenados en servidores OT/IT.**

 **IMPORTANTE**

Cuando un ataque de este tipo cifra archivos que contienen información personal de empleados, clientes o proveedores, puede derivar en una violación de seguridad de datos, lo que conlleva serias consecuencias legales y financieras bajo el Reglamento General de Protección de Datos (RGPD) de la Unión Europea y la Ley Orgánica de Protección de Datos y Garantía de Derechos Digitales (LOPDGDD) en España.

- -

A continuación, exploraremos las consecuencias derivadas del riesgo de pérdida de información crítica y confidencial ocasionada por un ataque de *ransomware* en base a normativas como RGPD y LOPDGDD:

- ⮥ **RGPD.** El **Reglamento General de Protección de Datos (RGPD) (Reglamento (UE) 2016/679)** establece medidas estrictas para la protección de datos personales dentro de la Unión Europea. Si un *ransomware* permite el acceso, cifrado o extracción de datos personales, la empresa afectada podría enfrentar las siguientes repercusiones.
- ⮥ **Multas y sanciones económicas.** El RGPD impone sanciones severas por incumplimiento en la protección de datos personales. En caso de un ataque con *ransomware* que comprometa información confidencial, las multas pueden alcanzar:

  - ◖ **Hasta 10 millones de euros o el 2 % del volumen del negocio global** por infracciones menos graves (art. 83.4 RGPD).
  - ◖ **Hasta 20 millones de euros o el 4 % del volumen del negocio global** si se vulneran principios esenciales de protección de datos, como la confidencialidad o el consentimiento explícito (art. 83.5 RGPD).

Por ejemplo, la empresa británica *British Airways* fue multada con 20 millones de libras tras un ciberataque que expuso datos de 400 000 clientes (ICO, 2020).

- **Obligación de notificación a las autoridades.** Si el *ransomware* provoca una **brecha de seguridad** que afecta a datos personales, la empresa debe notificarlo a la **Agencia Española de Protección de Datos (AEPD)** o a la autoridad competente en un plazo de 72 horas (art. 33 RGPD). La notificación debe incluir:

  - Naturaleza de la brecha y tipo de datos afectados.
  - Consecuencias potenciales para los titulares de los datos.
  - Medidas adoptadas para mitigar los daños.

  Si la empresa no informa en el plazo establecido, podría tener sanciones añadidas.

- **Comunicación a los afectados.** Si el ciberataque con *ransomware* expone datos personales sensibles, la organización debe **informar directamente a los afectados** (art. 34 RGPD), excepto si las medidas de seguridad adoptadas (como cifrado robusto) impiden el acceso indebido. Por ejemplo, un hospital sufre un ataque de *ransomware* que cifra historiales médicos de pacientes. Si el atacante accede a estos datos, el hospital tiene el deber de comunicar el incidente a los pacientes afectados.

- **LOPDGDD.** En España, la **Ley Orgánica 3/2018 de Protección de Datos Personales y Garantía de los Derechos Digitales (LOPDGDD)** refuerza el RGPD, adaptándolo a la legislación nacional. En caso de un ciberataque con *ransomware,* la LOPDGDD establece otras consecuencias añadidas.

- **Responsabilidad del delegado de protección de datos (DPO).** Si la empresa tiene la obligación de contar con un **delegado de protección de datos (DPO)**, este será el responsable de coordinar la respuesta ante la brecha de seguridad. Deberá:

  - Supervisar la notificación a la AEPD.
  - Implementar medidas correctivas para evitar nuevos incidentes.
  - Asesorar sobre los riesgos legales y de cumplimiento.

  Por ejemplo, una empresa industrial que maneja datos biométricos de empleados (huellas dactilares para el acceso a instalaciones) es atacada con *ransomware*. La figura del DPO debe evaluar si los datos han sido comprometidos y coordinar rápidamente la respuesta.

- **Reclamaciones y acciones judiciales.** Si los datos personales de clientes o del personal son afectados por el ataque informático, estos pueden presentar reclamaciones ante la AEPD (Agencia Española de Protección de Datos) o interponer demandas por daños y perjuicios:

◑ Los afectados pueden exigir una **indemnización** por daños morales o económicos derivados del ataque (art. 82 RGPD y art. 71 LOPD-GDD).

◑ La empresa, igualmente, puede enfrentarse a **acciones colectivas** si el ataque compromete datos de múltiples personas.

Por ejemplo, un *ransomware* en una empresa de recursos humanos expone datos bancarios del personal. Los afectados pueden acogerse a su derecho y demandar por el posible uso fraudulento de su información.

Para evitar las graves consecuencias de un ciberataque con *ransomware* en el acceso a datos confidenciales, las organizaciones deben adoptar medidas de prevención y respuesta. Algunas **medidas básicas de protección** son las siguientes:

Medidas básicas de prevención y respuesta ante *ransomware* para proteger datos personales

Implementación de cifrado robusto	Los datos personales deben estar cifrados con algoritmos avanzados (AES-256, RSA) para evitar su acceso en caso de ataque. Una base de datos cifrada dificulta que un atacante extraiga información personal, reduciendo la obligación de notificar a los afectados.
Copias de seguridad inmutables	Realizar *backups* periódicos con sistemas inmutables (no modificables por *ransomware)* garantiza la recuperación de datos sin pagar rescates. Una empresa con copias de seguridad inmutables puede recuperar su información sin pérdidas tras un ataque.
Monitorización y detección temprana	El uso de herramientas de detección de intrusos (IDS/IPS) y SIEM permite identificar *ransomware* antes de que se propague. Un sistema SIEM detecta actividad sospechosa en los servidores OT y bloquea el *ransomware* antes de su ejecución.
Formación del personal y concienciación	El *phishing* es la principal vía de entrada del *ransomware*. Capacitar al personal en cuestiones de ciberseguridad reduce enormemente el riesgo de infecciones.

ACTIVIDAD COMPLEMENTARIA

3. Los ciberataques a infraestructuras críticas pueden tener efectos devastadores, como demuestra el caso de *Maersk* en 2017. Para profundizar en el impacto de estos ataques en la seguridad industrial, vamos a analizar el caso de *NotPetya* y su repercusión en la empresa *Maersk*.

A fin de reflexionar sobre el caso y discutir sobre cómo mejorar la resiliencia en infraestructuras críticas ante este tipo de amenazas, lleva a cabo las siguientes acciones:

1. Investiga sobre el ataque de *NotPetya* y su impacto en *Maersk*.
2. Explica los factores que permitieron la propagación del *ransomware* en la red de la empresa.
3. Identifica las principales consecuencias operativas y económicas que sufrió *Maersk*.
4. Propón medidas de seguridad que podrían haber mitigado o prevenido el ataque.

2.2. Visión *red team / blue team* en la ciberseguridad industrial

Para que una estrategia de defensa ante los ciberdelitos sea efectiva, es fundamental adoptar un enfoque basado en **red team** (equipo rojo) y **blue team** (equipo azul). Ambas son metodologías que permiten evaluar las debilidades de una infraestructura industrial y fortalecer sus medidas de protección.

Red team: modelos de ataque y ofensiva en ciberseguridad

El **red team** representa el **equipo ofensivo.** Este equipo se encarga de simular ataques reales con el objetivo de identificar vulnerabilidades en la infraestructura.

A continuación, se presentan algunas técnicas empleadas por los *red teams:*

Test de penetración *(pentesting)*
- Simulación de ataques a redes y sistemas OT para descubrir puntos débiles.

Explotación de vulnerabilidades
- Uso de herramientas como *Metasploit* para explotar fallos de seguridad.

Ingeniería social
- Manipulación de empleados mediante técnicas de *phishing* o *pretexting*.

Blue team: estrategias de protección y defensa

El ***blue team*** representa el **equipo defensivo.** Se encarga de proteger la infraestructura, detectando y respondiendo a ataques en tiempo real.

Algunas estrategias clave manejadas por los *blue teams* son las siguientes:

Monitoreo continuo
- Implementación de sistemas SIEM y herramientas de detección de anomalías.

***Hardening* de sistemas**
- Configuración segura de dispositivos y *software* para reducir vulnerabilidades.

Respuesta a incidentes
- Desarrollo de planes de acción para mitigar el impacto de ataques cibernéticos.

 SABÍAS QUE...

La combinación de ambos enfoques, *red* y *blue team,* se conoce popularmente en el contexto de la ciberseguridad como ***purple teaming,*** donde los equipos ofensivos y defensivos colaboran para mejorar la ciberseguridad de las

Continúa en página siguiente >>

<< Viene de página anterior

organizaciones. Esta estrategia optimiza la capacidad de respuesta ante ataques y **refuerza la capacidad de los sistemas OT para resistir y recuperarse de incidentes de seguridad.**

Juego de roles en la seguridad digital

Ya sabemos que la metodología ***red team / blue team*** proporciona un enfoque fundamental en ciberseguridad, pues permite fortalecer la protección de infraestructuras críticas mediante la simulación de ataques y el desarrollo de estrategias de defensa.

Para comprenderlo mejor, a continuación utilizaremos un enfoque didáctico basado en la analogía de un **juego de roles en la seguridad digital:**

- ⮞ ***Red team:* pensar como un atacante.** Imagina que eres un ladrón experimentado que planea robar un banco. Antes de actuar, estudias las cámaras de seguridad, las rutas de los guardias y las posibles debilidades en el sistema de alarmas. En el ámbito de la ciberseguridad, el *red team* cumple una función similar: busca vulnerabilidades en los sistemas de una empresa, pero con el propósito de ayudar a fortalecer su seguridad. Los *red teams* trabajan como simuladores de ataques, empleando tácticas utilizadas por la ciberdelincuencia real para evaluar la resistencia de la red ante amenazas. Para hacerlo, pueden recurrir a:

  - ⭘ **Pruebas de penetración** que simulan ataques dirigidos a identificar puntos débiles en los sistemas.
  - ⭘ **Ingeniería social** con la que se engaña al personal para obtener información confidencial.
  - ⭘ **Explotación de vulnerabilidades,** utilizando herramientas como *Metasploit* para ejecutar ataques de prueba.

  Por ejemplo, un *red team* intenta ingresar a la red de una empresa enviando correos electrónicos de *phishing* a empleados, instándolos a hacer clic en un enlace malicioso. Si logran acceso, informan a la empresa sobre la vulnerabilidad para que pueda ser corregida.
- ⮞ ***Blue team: defender* como un experto en seguridad**. Ahora, imagina que trabajas como jefe de seguridad de un banco. Tu misión es proteger la caja fuerte, asegurarte de que las cámaras estén bien ubicadas y de que los guardias sigan protocolos estrictos. En ciberseguridad, el *blue team* asume este papel: se encarga de detectar, prevenir y responder a posibles amenazas en los sistemas informáticos.

El *blue team* trabaja constantemente en la protección y monitorización de la red, utilizando diversas estrategias:

◊ Análisis de tráfico, identificando patrones sospechosos en la red.
◊ Sistemas de detección de intrusos (IDS/IPS) que bloquean intentos de acceso no autorizado.
◊ Respuesta a incidentes, diseñando planes de acción para mitigar ataques en tiempo real.

Por ejemplo, si un *red team* lanza un ataque de *phishing* en la empresa, el *blue team* podría detectarlo con herramientas de análisis de tráfico y entrenar al personal para que no caiga en la trampa.

Un enfoque aún más efectivo es la estrategia propuesta por **purple team,** que combina la ofensiva del *red team* con la defensa del *blue team* para fortalecer la seguridad de forma continuada. En este modelo, ambos equipos colaboran, compartiendo conocimientos y mejorando las estrategias de protección en tiempo real.

 EJEMPLO

En una simulación de ataque, el *red team* intenta explotar una vulnerabilidad, mientras que el *blue team* observa y aprende a responder de manera más eficiente. Este enfoque ayuda a mejorar las defensas sin esperar un ataque real.

Para mejorar las habilidades en ciberseguridad, es recomendable que los equipos practiquen en entornos seguros. Algunas formas de entrenamiento son las siguientes:

Laboratorios de simulación	Ejercicios de guerra cibernética	Capacitación continua
- Plataformas como *cyber range* permiten experimentar ataques y defensas en un entorno controlado.	- Eventos donde *red teams* y *blue teams* compiten para evaluar estrategias.	- Cursos y certificaciones en ciberseguridad industrial que ayudan a reforzar conocimientos.

Dentro del enfoque *purple team,* que combina las estrategias del *red team* y el *blue team,* las **competiciones *capture the flag*** (**CTF**) juegan un papel clave en la formación práctica de profesionales en ciberseguridad. Estas competiciones permiten a los participantes afrontar desafíos en tiempo real, poniendo a prueba sus habilidades de ataque y defensa en entornos controlados.

Las competiciones *capture the flag* (CTF) son eventos de ciberseguridad en los que los participantes deben resolver retos de seguridad informática para obtener "banderas" o *flags,* que funcionan como prueba de que han superado un desafío. Estas pruebas pueden abarcar diversas áreas de la ciberseguridad, como explotación de vulnerabilidades, análisis forense, criptografía y *hacking* ético.

Competiciones CTF

 **IMPORTANTE**

Cada bandera capturada en las competiciones CTF representa un logro alcanzado sobre un desafío que sirve de llave para acceder a otro reto de mayor complejidad.

A continuación, contarás con más detalles sobre estos eventos de competición, a los que puedes apuntarte con independencia del nivel de conocimiento o manejo de técnicas que poseas.

Para comprender mejor en qué consiste un CTF, piensa que se trata de un deporte en el que puedes entrenar tus conocimientos y habilidades en seguridad informática aprovechando las dinámicas de los juegos o, lo que es lo mismo, con cierto carácter lúdico.

El Instituto Nacional de Ciberseguridad (INCIBE) describe a los CTF como una serie de **desafíos informáticos** enfocados desde la perspectiva de la seguridad.

Veamos con mayor claridad qué **objetivos** persiguen estas cibercompeticiones:

Objetivo 1

Aprender y desarrollar habilidades y destrezas asociadas a los *hackers,* descubriendo *flags* (banderas). Permiten mejorar competencias en análisis de *malware,* explotación de vulnerabilidades y respuesta a incidentes.

Objetivo 2

Servir como plataformas de aprendizaje para aplicar en un contexto real los conocimientos adquiridos y habilidades desarrolladas de forma virtual, fomentando, además, la colaboración entre expertos en seguridad, simulando escenarios del mundo real y aprendiendo a trabajar en equipo.

Objetivo 3

Consolidar nuevas líneas de investigación surgidas en el ámbito de la ciberseguridad. Proporcionan un entorno seguro para probar herramientas y técnicas avanzadas sin riesgos reales.

 **IMPORTANTE**

Ganar o destacar en una competición CTF es un reconocimiento profesional que puede abrir nuevas oportunidades laborales en la industria de la ciberseguridad.

Continúa en página siguiente >>

<< Viene de página anterior

Estas competiciones de ciberseguridad también brindan grandes oportunidades de aprendizaje, tanto para personas expertas como para novatos.

Nuevos escritos 🔊

Equipo	Evento	Tarea	Acción
RootMeUpBeforeYouGoGo	DownUnderCTF 2021 (en línea)	escribe qué dónde [310]	leer redacción
trieulieuf9	DownUnderCTF 2021 (en línea)	Cuestionario de habilidades generales [100]	leer redacción
trieulieuf9	DownUnderCTF 2021 (en línea)	conejo [100]	leer redacción
RootMeUpBeforeYouGoGo	DownUnderCTF 2021 (en línea)	listo, rebote, pwn! [436]	leer redacción
Novato441	DownUnderCTF 2021 (en línea)	¿Quien va alla? [100]	leer redacción
Novato441	DownUnderCTF 2021 (en línea)	Cubo defectuoso [100]	leer redacción
Novato441	DownUnderCTF 2021 (en línea)	De adentro hacia afuera [100]	leer redacción
Novato441	DownUnderCTF 2021 (en línea)	Cifrado de sustitución ! [100]	leer redacción

Consulta específica en CTFtime Fuente: CTFtime.org

Los eventos CTF son juegos de aprendizaje que se organizan por categorías. Avanza para descubrir cómo participar en estos juegos de ciberseguridad desde diferentes **perspectivas:**

- **Análisis forense:** retos que consisten en extraer información valiosa de dispositivos de almacenaje o mediante capturas de tráfico red.
- **Criptografía:** retos que consisten en revelar textos cifrados mediante sistemas criptográficos.
- **Esteganografía:** retos que consisten en adivinar mensajes ocultos en imágenes o en cualquier otro recurso multimedia.
- ***Exploits:*** retos que consisten en descubrir vulnerabilidades en sistemas de información.
- **Ingeniería inversa:** retos que consisten en interferir en el buen funcionamiento del programa informático o en sistemas operativos.
- **Programación:** retos que consisten en crear un programa o *script* que permita realizar una tarea determinada.
- **Web:** retos que consisten en descubrir alguna vulnerabilidad en una aplicación o sitio web.
- **Reconocimiento:** retos que consisten en buscar la *flag* en diferentes sitios de internet valiéndose de sencillas pistas.

- **Pruebas triviales:** retos que consisten en resolver cuestiones relacionadas con la seguridad cibernética.
- **Misceláneos:** retos variados que consisten en resolver problemas de distintas categorías.

NOTA

Muchas universidades, centros de formación o sitios web especializados en la temática de la ciberseguridad también crean sus propios CTF para que el alumnado o los usuarios puedan competir, entrenar y aprender en estas plataformas.

EJEMPLO

Presta atención a la imagen que viene a continuación, en la que se publica la resolución de un reto correspondiente a una CTF. Este tipo de CTF permite la participación individual.

Reto: ¿Qué oculta esta imagen?

Reto Hacking Challenges con Solución Reto 3, extraído del sitio web Hacking Ético Blog. Fuente: https://hackingeticoblog.com/hacking-challenges-solucion-reto-3/

Continúa en página siguiente >>

<< Viene de página anterior

Solución del reto:

Si te fijaste bien, hay algunas letras interesantes y, además, la frase te lo dice todo. Si tomamos las letras en mayúscula tenemos RICOTTA. La pista decía que algo tenía la imagen. Lo primero que podríamos pensar es que tiene algún archivo oculto.

Usaremos *Stegehide*, una herramienta muy interesante para ocultar y sacar información de imágenes.

Usaremos el comando:

```
steghide extract -sf queso.jpg
```

Nos pedirá la contraseña; podemos suponer que es la palabra que obtuvimos del mensaje de la imagen.

Esto nos genera un archivo llamado "oculto.txt".

```
root@kali:~/Downloads/retos hacking# steghide extract -sf queso.jpg
Enter passphrase:
wrote extracted data to "oculto.txt".
root@kali:~/Downloads/retos hacking# █
```

El archivo tiene el siguiente texto: "retos *hacking*". ¡Lo lograste!

Existen tres formatos principales de competiciones CTF:

Jeopardy-style CTF	- Se presentan retos de diferentes categorías, cada uno con una puntuación dependiendo de su dificultad. Los participantes deben resolver el mayor número de desafíos posible.
Attack-Defense CTF	- Los equipos deben proteger sus propios sistemas mientras intentan atacar las infraestructuras de los oponentes.

Continúa en página siguiente >>

<< Viene de página anterior

Mixed **CTF**	- Combina elementos de las dos modalidades anteriores, ofreciendo tanto desafíos teóricos como ataques y defensas en tiempo real.

Las **reglas básicas** en las competiciones CTF son bien sencillas.

El concepto central en una competición CTF es la *flag* (bandera), que representa el objetivo principal dentro de una "fortaleza" digital a la que los participantes deben acceder. En realidad, *flag* es un identificador oculto dentro de un sistema, aplicación o red, que los participantes deben encontrar y capturar para demostrar que han superado un desafío de seguridad.

Seguidamente, descubrirás instrucciones básicas para participar en estas competiciones de ciberseguridad:

- Los equipos participantes inscritos en la competición deberán alcanzar en el menor tiempo posible las banderas o llaves que les permitirán avanzar e ir pasando de nivel. Los equipos deben ir superando estos retos antes de que los consigan los equipos contrincantes. Cada avance es correspondido con un logro digital o *flag*.

- Cada prueba tiene asignado un tiempo para su resolución. El equipo organizador suele proporcionar algunas pistas.

- Una vez finalizado el plazo para superar el reto, quedarán publicados los métodos (pueden ser varios) que daban con la solución. Con ello, se garantiza que todos los participantes aprendan con cada tarea, se supere el desafío o no.

- La competición sigue y los equipos van notando el aumento de la complejidad en los siguientes retos.

- Una vez finalizada la competición, los resultados de cada equipo son publicados con idea de que cada competición pueda ser seguida en un *ranking* mundial.

SABÍAS QUE...

Algunos eventos CTF son organizados con idea de premiar a equipos participantes cuya recompensa es formar parte de empresas que reclaman este tipo de personal para mejorar su seguridad cibernética.

 PARA SABER MÁS

Existen plataformas CTF en español que te permitirán practicar y mejorar tus habilidades en ciberseguridad. A continuación, se presentan algunas opciones destacadas:

- *Root Me.* Esta plataforma ofrece una amplia gama de desafíos, permitiendo elegir el idioma y abarcando diversas áreas como criptografía, análisis forense, seguridad web y más. Es una herramienta excelente para aprender y practicar técnicas de *hacking* en un entorno controlado.

  Accede desde aquí:

  https://redirectoronline.com/ifct00500404

- *Hack the box (HTB).* Aunque su contenido principal está en inglés, HTB cuenta con una comunidad hispanohablante activa y ofrece máquinas y desafíos que pueden ser abordados en español. Es una plataforma reconocida para practicar *hacking* ético mediante laboratorios interactivos.

Continúa en página siguiente >>

<< Viene de página anterior

Accede desde aquí:

https://redirectoronline.com/ifct00500405

- **TryHackMe.** Similar a HTB, *TryHackMe* ofrece rutas de aprendizaje y desafíos prácticos. Aunque la mayoría de su contenido está en inglés, dispone de algunas traducciones y una comunidad hispanohablante que facilita el aprendizaje en español.

Accede desde aquí:

https://redirectoronline.com/ifct00500406

APLICACIÓN PRÁCTICA

Lucía ha decidido participar en su primera competición CTF para mejorar sus habilidades en seguridad informática. Al registrarse, se encuentra con varias reglas y dinámicas de la competición. Sin embargo, antes de comenzar, necesita asegurarse de comprender correctamente las reglas básicas de este tipo de eventos.

Continúa en página siguiente >>

<< Viene de página anterior

¿Cuál de las siguientes afirmaciones sobre las competiciones CTF es incorrecta?

- **Los equipos participantes deben capturar *flags* en el menor tiempo posible para avanzar de nivel.**
- **Cada reto tiene un tiempo límite de resolución, y los organizadores pueden proporcionar pistas.**
- **Los equipos pueden modificar las reglas durante la competición si encuentran formas más eficientes de resolver los retos.**
- **Una vez finalizada la competición, los resultados se publican y pueden verse en un *ranking* mundial.**

Solución

La opción correcta es: .os equipos pueden modificar las reglas durante la competición si encuentran formas más eficientes de resolver los retos.

En las competiciones CTF, las reglas son fijas y deben respetarse durante todo el evento. Los equipos participantes no pueden modificarlas ni alterar la estructura de la competición. La dinámica principal se basa en la resolución de retos en el menor tiempo posible, y los organizadores pueden ofrecer pistas para ayudar a los equipos. Al final de la competición, se publican los resultados, lo cual permite comparar el desempeño entre equipos y mejorar estrategias para futuras ediciones del campeonato.

2.3. Herramientas para la detección temprana de *ransomware*

Para proteger los sistemas industriales, es fundamental contar con herramientas de detección temprana.

A continuación, se listan algunas herramientas comerciales utilizadas en entornos industriales para combatir el peligroso código malicioso llamado *ransomware:*

- ➲ ***FireEye Helix.*** Monitoreo avanzado y detección de amenazas.
- ➲ ***Palo Alto Networks Cortex XDR.*** Prevención y respuesta ante ataques.
- ➲ ***Microsoft Defender for IoT.*** Protección específica para dispositivos OT.
- ➲ ***Nozomi Networks Guardian.*** Análisis de tráfico y detección de anomalías en ICS.

⮞ **Cyber Range.** Simulación de ataques para entrenamiento en ciberseguridad industrial.

⮞ **Wireshark.** Análisis de paquetes en tiempo real para identificar anomalías y detectar posibles ataques en la red.

NOTA

A diferencia de las otras herramientas mencionadas, que están diseñadas específicamente para la detección y prevención de *ransomware*, **Wireshark** es un analizador de tráfico de red que permite identificar comportamientos anómalos en las comunicaciones industriales, lo que puede ser útil para detectar indicios tempranos de un ataque.

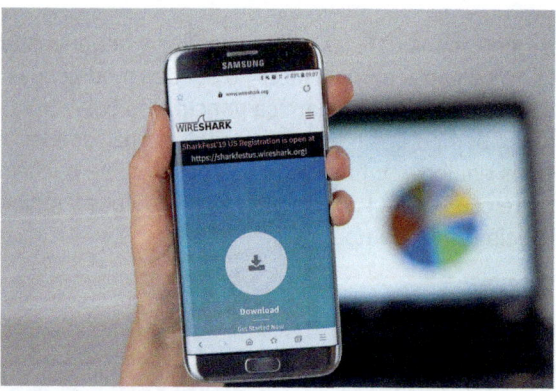

Wireshark es una herramienta clave para el análisis forense de tráfico de red, que permite a los administradores identificar patrones sospechosos y evaluar si hay indicios de actividad maliciosa antes de que un ataque de ransomware se propague en la infraestructura industrial.

2.4. Estrategias de mitigación y respuesta ante *ransomware*

La mejor defensa contra el *ransomware* es una estrategia **proactiva**.

Explora cuáles son las mejores prácticas para contener y mitigar un ataque de *ransomware* en entornos OT/IT:

- ⮕ **Segmentación de redes.** Separar la red OT de la red TI con *firewalls* y zonas de seguridad evita la propagación del *ransomware*. Por ejemplo, un *firewall* bien configurado impide que un ataque en el correo electrónico de un empleado afecte a los servidores SCADA.
- ⮕ **Copias de seguridad inmutables.** Es esencial contar con *backups offline* o inmutables que no puedan ser cifrados por *ransomware*. Por ejemplo, un servidor de respaldo desconectado de la red permite restaurar sistemas sin pagar el rescate.
- ⮕ **Monitoreo de tráfico y análisis de comportamiento.** El uso de herramientas como SIEM *(security information and event management)* ayuda a detectar anomalías en tiempo real. Por ejemplo, una alerta detecta que un archivo intenta cifrar cientos de documentos en segundos, permitiendo una respuesta rápida.
- ⮕ **Autenticación multifactor (MFA).** Evitar accesos no autorizados con MFA protege credenciales críticas. Por ejemplo, un atacante que roba una contraseña no puede acceder sin un segundo factor de autenticación.
- ⮕ **Capacitación a empleados.** El personal debe reconocer intentos de *phishing* y seguir buenas prácticas de seguridad. Por ejemplo, un técnico recibe formación y detecta un correo sospechoso, evitando la infección.

2.5. Simulación de ataques *ransomware* en entornos OT

Las simulaciones permiten evaluar la resiliencia de los sistemas ante ataques reales. En este apartado, se mostrará, a través de un tutorial, cómo realizar simulaciones controladas utilizando entornos de prueba como *Cyber Range*.

Accede a la web desde aquí:

https://redirectoronline.com/ifct00500413

Cyber Ranges es el campo de tiro cibernético oficial de la Unión Internacional de Telecomunicaciones (UIT) de las Naciones Unidas para la realización de simulacros cibernéticos nacionales, regionales y mundiales. Fuente: Cyber Ranges

 **VÍDEO**

Para aprender a simular ataques de *ransomware* en entornos OT utilizando plataformas como *Cyber Range* o similares, dispones del siguiente recurso multimedia: un tutorial que ofrece una demostración práctica sobre cómo desplegar y ejecutar un *ransomware* en un entorno controlado. De esta manera, comprenderás las técnicas y herramientas utilizadas en este tipo de ataques dentro del ecosistema OT.

Accede al vídeo desde aquí:

https://redirectoronline.com/ifct00500414

2.6. Implementación de planes de respuesta ante incidentes

En el contexto de la ciberseguridad industrial, no solo es esencial prevenir ataques, sino también contar con un **plan de respuesta ante incidentes** que minimice el impacto de posibles amenazas y permita una recuperación rápida de los sistemas. La implementación de estos planes es clave para resistir operativamente y para la protección de las infraestructuras críticas.

Un **plan de respuesta ante incidentes** es un conjunto de procedimientos que permite detectar, contener, erradicar y recuperar un sistema afectado por un ciberataque o fallo de seguridad. Su objetivo es reducir el tiempo de respuesta, minimizar daños y asegurar la continuidad operativa.

Plan de respuesta ante incidentes.

Para una implementación efectiva, se recomienda seguir las fases establecidas por el **NIST** *(National Institute of Standards and Technology)* en su marco de respuesta a incidentes.

Seguidamente, se muestra cada fase de un plan de respuesta ante incidentes cibernéticos:

➲ **Preparación.** Antes de que ocurra un incidente, es fundamental:

- ☣ **Identificar activos críticos:** dispositivos OT, servidores, redes y aplicaciones esenciales.
- ☣ **Capacitar equipos de seguridad:** entrenar al personal en el uso de herramientas de detección y respuesta.
- ☣ **Definir roles y responsabilidades:** crear un CSIRT *(computer security incident response team)* o un equipo de respuesta especializado en ciberseguridad industrial.

○ **Implementar sistemas de monitoreo:** herramientas como SIEM, NDR o IDS/IPS para detectar amenazas en tiempo real.

↷ **Detección y análisis.** Cuando se sospecha de un incidente, se deben identificar y evaluar los signos de compromiso *(IoC - Indicators of compromise)*. Esto implica:

○ Monitorear alertas de seguridad provenientes de firewalls industriales, sistemas de detección de intrusos y herramientas de análisis de tráfico.
○ Correlacionar eventos en plataformas SIEM *(security information and event management)*.
○ Realizar análisis forense de *logs* y tráfico de red para determinar el alcance del ataque.

↷ **Contención.** El objetivo es evitar que el ataque se propague dentro de la red OT. Para ello, se pueden aplicar medidas como:

○ Segmentación de red: aislar los dispositivos comprometidos y cortar la comunicación con el exterior.
○ Desactivación de credenciales comprometidas para evitar accesos no autorizados.
○ Bloqueo de tráfico sospechoso en *firewalls* y sistemas de control de acceso.

↷ **Erradicación.** Una vez contenida la amenaza, se debe eliminar la causa raíz:

○ Eliminación de *malware* y *backdoors* utilizando análisis forense y herramientas de seguridad OT.
○ Aplicación de parches de seguridad en sistemas vulnerables.
○ Revisión y refuerzo de políticas de seguridad para evitar futuros ataques.

↷ **Recuperación.** El objetivo es restaurar los sistemas afectados sin comprometer la seguridad. Esto incluye:

○ Reinstalación de sistemas y restauración de *backups* seguros.
○ Pruebas de seguridad para garantizar que la infraestructura está limpia.
○ Monitoreo posincidente para detectar posibles reintentos de ataque.

⮑ **Mejora del plan de respuesta.** Después de cada incidente, es fundamental documentar lo sucedido a fin de poder mejorar el plan de respuesta:

　◍ Análisis de causas raíz. ¿Cómo ingresó el atacante? ¿Qué vulnerabilidades explotó?
　◍ Evaluación del tiempo de respuesta. ¿Fue rápida la detección y contención?
　◍ Actualización del plan de respuesta con nuevas estrategias y controles.

NOTA

El uso de **gemelos digitales** en la respuesta ante incidentes permite probar estrategias de mitigación en un entorno virtual antes de aplicarlas en la infraestructura real. Esto facilita la simulación de escenarios de ataque y la optimización de los planes de respuesta sin afectar la producción. En el siguiente apartado, exploraremos cómo el diseño seguro de redes industriales con gemelo digital puede mejorar la capacidad de recuperación de los sistemas frente a las amenazas materializadas.

----

3. Diseño seguro de redes industriales con gemelo digital

☞ HILO CONDUCTOR

Para prevenir amenazas, Mario propuso un gemelo digital que permitiera simular ataques y evaluar defensas sin afectar la producción. Descubrió fallos en la segmentación y *firewalls*, rediseñando la topología de la red y aplicando microsegmentación. Integró detección de anomalías, permitiendo a *TechSystems* anticipar riesgos. La implementación de esta tecnología mejoró la seguridad y eficiencia operativa de la planta.

La **arquitectura de redes** define el diseño de la infraestructura que permite a un usuario comunicarse a través de una red inalámbrica, entre otros servicios.

Es importante destacar que las **tecnologías de la información y la comunicación** o **TIC** son un activo estratégico para las empresas, ya que constituyen un pilar fundamental a través del cual el *software* puede ofrecer sus servicios al usuario final.

Para las organizaciones, la **infraestructura de red** es esencial para operar con normalidad. Del mismo modo, para cualquier usuario representa el medio que permite la navegación en internet y el acceso a múltiples servicios.

A continuación, se explican las diferencias entre los conceptos de arquitectura de red e infraestructura de red:

Arquitectura de red	Infraestructura de red
- La arquitectura proporciona el esquema general y estratégico que guía el desarrollo e implementación de la infraestructura de comunicaciones. Es el plan que define la interconexión de protocolos y *software* dentro de una red.	- La infraestructura hace referencia al conjunto de elementos tecnológicos estructurales que conforman la red de comunicaciones de una organización. Estos componentes permiten la transmisión de información y garantizan el correcto funcionamiento de los servicios digitales.

En el ámbito industrial, garantizar la seguridad de las redes de comunicación es un aspecto esencial para evitar fallos, intrusiones y vulnerabilidades que puedan comprometer la operatividad de una organización. Una de las estrategias más innovadoras para optimizar la seguridad y el rendimiento de estas redes es el uso de **gemelos digitales** o ***digital twins.***

Un gemelo digital es una réplica virtual de un sistema físico que permite simular su comportamiento en tiempo real.

Aplicado a las redes industriales, este modelo digital representa la infraestructura, dispositivos, protocolos y conexiones dentro de la red, proporcionando un entorno controlado para probar configuraciones, detectar amenazas y optimizar el rendimiento antes de su implementación en el entorno real.

En relación a la seguridad de redes industriales, son varios los **beneficios** que aportan los gemelos digitales:

- ⮞ **Pruebas de seguridad sin riesgos.** Permite evaluar el impacto de nuevas configuraciones, parches de seguridad y cambios en la infraestructura sin afectar la red operativa.
- ⮞ **Detección temprana de vulnerabilidades.** Simula ataques cibernéticos y analiza el comportamiento de la red para identificar posibles puntos débiles.
- ⮞ **Optimización de protocolos y tráfico de datos.** Ayuda a ajustar la arquitectura de red para mejorar la eficiencia y reducir latencias en la transmisión de información.
- ⮞ **Cumplimiento normativo.** Facilita la validación del cumplimiento de estándares de ciberseguridad industrial, como IEC 62443, NIST CSF, o ISO 27001.
- ⮞ **Reducción de costes operativos.** Minimiza el impacto de errores en la implementación de nuevas tecnologías, reduciendo costes asociados a fallos de red o interrupciones inesperadas.

Para implementar un diseño seguro basado en un gemelo digital, es fundamental considerar los aspectos señalados en la siguiente tabla:

ELEMENTOS CLAVE EN EL DISEÑO SEGURO DE REDES INDUSTRIALES CON GEMELO DIGITAL

ASPECTOS DE DISEÑO	ELEMENTOS CLAVE A ADOPTAR
Modelado preciso de la red	Incluir todos los dispositivos industriales (PLC, SCADA, sensores IoT, *gateways*, *firewalls*, etc.), protocolos de comunicación y segmentación de la red.
Simulación de ataques y pruebas de resistencia	Evaluar la red ante posibles ataques como DDoS, *man-in-the-middle* (MitM) o inyecciones de código para fortalecer sus defensas.
Automatización en la detección de amenazas	Integrar herramientas de IA y *machine learning* que analicen el tráfico en tiempo real y alerten sobre comportamientos sospechosos.

Continúa en página siguiente >>

<< Viene de página anterior

ELEMENTOS CLAVE EN EL DISEÑO SEGURO DE REDES INDUSTRIALES CON GEMELO DIGITAL

ASPECTOS DE DISEÑO	ELEMENTOS CLAVE A ADOPTAR
Evaluación continua del desempeño	Utilizar métricas de latencia, velocidad de transmisión y consumo de ancho de banda para optimizar la eficiencia de la red.
Implementación de estrategias de *zero trust*	Garantizar que cada dispositivo y usuario dentro de la red cumpla con estrictos controles de acceso antes de otorgar permisos.

4. Aplicación de herramientas de securización de redes industriales

 HILO CONDUCTOR

Mario consolidó la seguridad con herramientas avanzadas, desplegando *Threat Intelligence* para detectar patrones de ataque y bloquear accesos sospechosos en tiempo real. Implementó un modelo *zero trust,* que requiere autenticación estricta para usuarios y dispositivos. Supervisó pruebas de penetración, fortaleciendo la red con cada simulación. Con la infraestructura segura y resiliente, *TechSystems* quedó preparada para enfrentar cualquier desafío digital. Mario, satisfecho con su labor, cerró su sesión sabiendo que la ciberseguridad es un reto constante, pero que cada día iba un paso adelante en la protección del mundo digital.

En el contexto de la Industria 4.0, donde los sistemas de control industrial o ICS están cada vez más conectados a internet y a infraestructuras corporativas, la seguridad de las redes industriales se ha convertido en un pilar fundamental para garantizar la continuidad operativa y la protección de datos sensibles. Para ello, se utilizan diversas **herramientas de securización** diseñadas específicamente para mitigar riesgos, prevenir ciberataques y asegurar la integridad de los sistemas.

Antes de aplicar herramientas de seguridad, es fundamental recordar las amenazas más habituales en **redes industriales,** entre las que destacan:

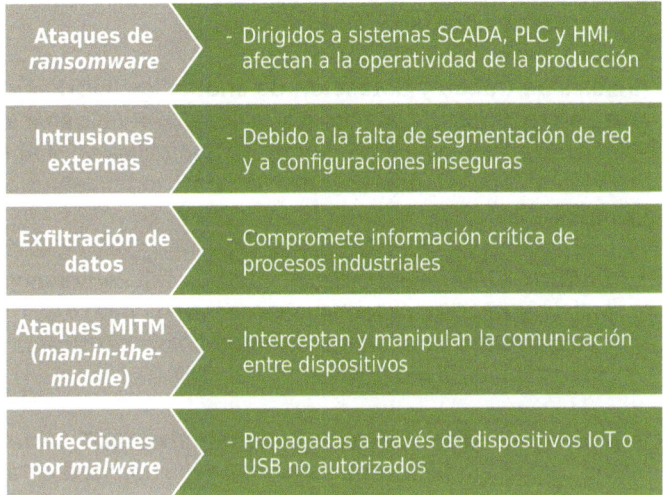

Ataques de *ransomware*	- Dirigidos a sistemas SCADA, PLC y HMI, afectan a la operatividad de la producción
Intrusiones externas	- Debido a la falta de segmentación de red y a configuraciones inseguras
Exfiltración de datos	- Compromete información crítica de procesos industriales
Ataques MITM (*man-in-the-middle*)	- Interceptan y manipulan la comunicación entre dispositivos
Infecciones por *malware*	- Propagadas a través de dispositivos IoT o USB no autorizados

Para mitigar estos riesgos, se emplean herramientas específicas de ciberseguridad industrial, que abarcan desde la monitorización de tráfico hasta el control de accesos y la respuesta ante incidentes.

Descubre algunas de estas **herramientas**:

- ⮑ *Firewalls* **industriales** (*next-generation firewalls* - **NGFW**). Los *firewalls* **industriales** están diseñados para segmentar redes OT y protegerlas de accesos no autorizados. A diferencia de los *firewalls* tradicionales, estos dispositivos abarcan funcionalidades como estas:

  - ◑ **Inspección profunda de paquetes (DPI)** para analizar protocolos industriales (Modbus, OPC-UA, DNP3, etc.).
  - ◑ **Control de tráfico basado en políticas** para restringir conexiones externas no autorizadas.
  - ◑ **Segmentación de redes IT y OT,** evitando que amenazas de la red corporativa afecten a la producción.

- ⮑ **Sistemas de detección y prevención de intrusos (IDS/IPS).** Estos sistemas analizan el tráfico de la red en busca de patrones sospechosos o comportamientos anómalos. Existen soluciones como:

- ◊ *Suricata* y *Snort:* IDS de código abierto que detectan ataques en redes OT.
- ◊ *Nozomi Networks* y *Claroty:* IDS específicos para entornos industriales que permiten una visualización completa de activos y detección de vulnerabilidades en tiempo real.

⮌ **Análisis de tráfico y detección de anomalías (NDR -** *network detection and response)*. Las herramientas de NDR utilizan inteligencia artificial y *machine learning* para detectar anomalías en el tráfico de la red, proporcionando alertas en caso de comportamientos sospechosos. Ejemplos:

- ◊ *Darktrace industrial:* utiliza IA para aprender el comportamiento normal de la red OT y detectar amenazas en tiempo real.
- ◊ *Cisco Cyber Vision:* monitorea protocolos industriales y analiza riesgos en la red de producción.

⮌ **Seguridad en dispositivos IoT industriales** *(IIoT security)*. El crecimiento del IoT industrial ha aumentado la superficie de ataque. Herramientas como **Microsoft Defender for IoT** y **Forescout** permiten:

- ◊ Descubrir dispositivos no autorizados en la red.
- ◊ Aplicar políticas de acceso según el tipo de dispositivo y su comportamiento.
- ◊ Detectar *firmware* desactualizado con vulnerabilidades.

⮌ **Control de accesos y autenticación (IAM -** *identity & access management)*. Los sistemas de gestión de identidad y acceso garantizan que solo usuarios y dispositivos autorizados puedan interactuar con la red. Algunas soluciones proporcionan:

- ◊ **Autenticación multifactor (MFA)** para restringir accesos no autorizados.
- ◊ *Zero trust network access* **(ZTNA),** que limita privilegios y exige verificación continua.
- ◊ **Gestión de credenciales con** *Vaults* (ejemplos: *CyberArk, HashiCorp Vault)* para proteger contraseñas industriales.

⮌ **Respuesta ante incidentes y análisis forense.** Ante un ciberataque, es crucial contar con herramientas para la respuesta rápida y el análisis de incidentes. Ejemplos:

- ◊ **SIEM** *(security information and event nanagement):* plataformas como *Splunk, IBM QRadar* o *ELK Stack* centralizan *logs* y alertas en tiempo real.

◊ **SOAR** *(security orchestration, automation and response):* soluciones como *Palo Alto Cortex XSOAR* automatizan respuestas ante amenazas.

◊ *Sandboxes* **de análisis de** *malware:* herramientas como *Cuckoo Sandbox* permiten analizar archivos sospechosos sin riesgo para la red OT.

Para una aplicación efectiva de estas herramientas, es recomendable seguir un **enfoque por capas de defensa en profundidad,** basado en los siguientes pasos:

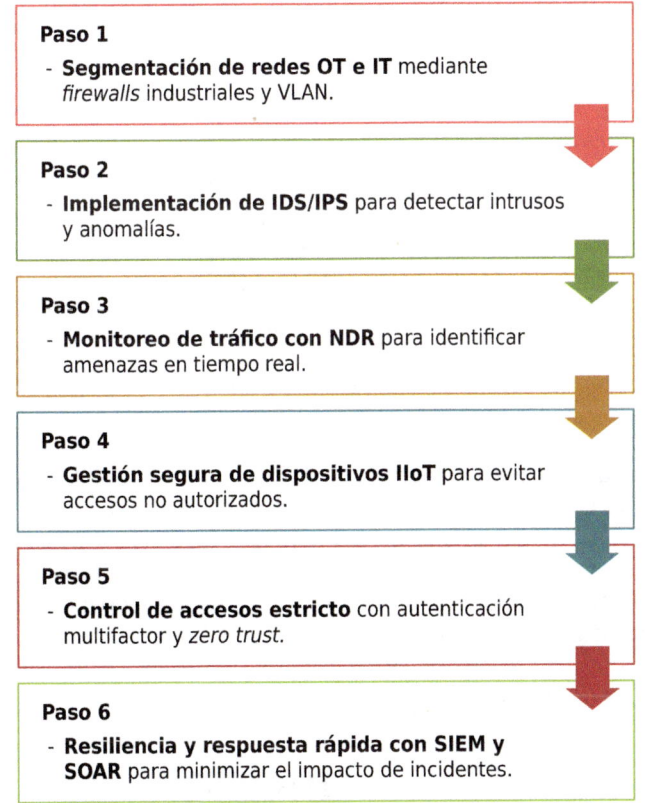

Paso 1
- **Segmentación de redes OT e IT** mediante *firewalls* industriales y VLAN.

Paso 2
- **Implementación de IDS/IPS** para detectar intrusos y anomalías.

Paso 3
- **Monitoreo de tráfico con NDR** para identificar amenazas en tiempo real.

Paso 4
- **Gestión segura de dispositivos IIoT** para evitar accesos no autorizados.

Paso 5
- **Control de accesos estricto** con autenticación multifactor y *zero trust.*

Paso 6
- **Resiliencia y respuesta rápida con SIEM y SOAR** para minimizar el impacto de incidentes.

PARA SABER MÁS

Para profundizar en el uso de herramientas de **protección de redes industriales,** es recomendable visualizar los siguientes recursos multimedia, que
proporcionan información técnica y aplicada sobre la ciberseguridad en entornos
industriales.

El seminario web Mejores Prácticas en Redes y Ciberseguridad Industrial (You-
Tube, 2023) ofrece una visión detallada sobre la implementación de estrategias
de protección en infraestructuras críticas. Este recurso incluye demostraciones
prácticas y consejos clave para reforzar la seguridad en sistemas industriales.

Accede desde aquí:

https://redirectoronline.com/ifct00500415

Por otro lado, el Manual de la caja de herramientas de ciberseguridad para pequeñas empresas (*Global Cyber Alliance*, 2021) proporciona una guía práctica
orientada a mejorar la ciberseguridad en pequeñas y medianas empresas. En
este documento, se detallan estrategias para la identificación de dispositivos
y aplicaciones críticas, así como la implementación de medidas de protección
adecuadas.

Accede desde aquí:

https://redirectoronline.com/ifct00500416

Continúa en página siguiente >>

<< Viene de página anterior

Finalmente, en el webinar de la Universidad de Chile Demostración Práctica del Uso de Herramientas de Ciberseguridad (YouTube, 2022), se presentan herramientas avanzadas para la gestión técnica de la ciberseguridad y el desarrollo seguro de *software,* con demostraciones prácticas que permiten comprender su aplicación en entornos reales.

Accede desde aquí:

https://redirectoronline.com/ifct00500417

 IMPORTANTE

Para optimizar la protección de sistemas en entornos industriales, es fundamental adoptar estrategias de automatización que permitan una respuesta proactiva ante amenazas. La integración de herramientas como SIEM, IDS/IPS, XDR y análisis de tráfico basado en IA facilita la detección y mitigación de incidentes en tiempo real, reduciendo el margen de error humano y mejorando la sostenibilidad de la infraestructura.

Para ampliar los conocimientos sobre seguridad en sistemas OT y comprender mejor los desafíos y las soluciones a las que se enfrentan las infraestructuras críticas, se recomienda la consulta de la ***Guía sobre controles de seguridad en sistemas OT,*** publicada por el **Ministerio del Interior de España.**

Dicha guía, elaborada con la colaboración de entidades públicas, empresas privadas y el sector académico, proporciona un marco de referencia para la protección de entornos industriales, abordando temas tan interesantes como:

- **La convergencia IT-OT** y los riesgos asociados a la interconectividad.
- **Estrategias de ciberseguridad** en sistemas de control industrial (ICS) y redes OT.
- **Normativas y regulaciones** aplicables, incluyendo la Estrategia de Ciberseguridad Nacional y la Ley de Protección de Infraestructuras Críticas.
- **Medidas básicas de seguridad** recomendadas para minimizar vulnerabilidades en entornos industriales.
- **Gestión de incidentes y respuesta ante ciberataques** en sistemas SCADA y PLC.

Este documento es una referencia clave para profesionales del sector que buscan mejorar la protección de los sistemas de información y la adopción de buenas prácticas en ciberseguridad industrial.

 PARA SABER MÁS

Puedes acceder al documento completo sobre los controles de seguridad en sistemas OT a través del Ministerio del Interior. Accede a la web desde aquí:

https://redirectoronline.com/ifct00500418

 TAREA 2

TechSystems es una empresa líder en automatización industrial, especializada en la gestión de infraestructuras críticas mediante sistemas SCADA y PLC. Sus operaciones dependen de una red OT altamente interconectada con dispositivos IoT y sensores industriales. En los últimos días, el equipo de seguridad de TechSystems ha detectado actividad inusual en los servidores SCADA. Un análisis

Continúa en página siguiente >>

<< Viene de página anterior

preliminar sugiere que un ransomware se está propagando por la red, afectando la operatividad de la planta. El origen del ataque parece estar vinculado a un correo de *phishing* recibido por un empleado de mantenimiento, quien descargó un archivo malicioso en un equipo conectado a la red OT.

Debido a esta situación, Mario, el ya experto en ciberseguridad en TechSystems, ha sido convocado para colaborar en el diseño de un plan de respuesta ante incidentes con el fin de contener el ataque, minimizar los daños y restaurar la operación de la empresa.

Tu misión es ayudar a Mario a estructurar dicho plan. Para ello, sigue las seis fases establecidas por el NIST, para garantizar la seguridad y continuidad de las operaciones en TechSystems.

1. Preparación

   · ¿Qué medidas preventivas debió haber implementado TechSystems antes del ataque?
   · ¿Qué herramientas y protocolos de monitoreo debían estar en funcionamiento?

2. Detección y análisis

   · ¿Cómo podría el equipo de seguridad confirmar la presencia de *ransomware* en los sistemas OT?
   · ¿Qué indicadores de compromiso (IoC) podrían identificar?

3. Contención

   · ¿Cuáles serían las primeras acciones para evitar la propagación del ataque dentro de la red OT?
   · ¿Cómo se debe aislar el sistema comprometido?

4. Erradicación

   · ¿Qué procedimientos deben seguirse para eliminar el malware de los sistemas OT?
   · ¿Qué parches o configuraciones deben aplicarse para evitar futuras infecciones?

Continúa en página siguiente >>

<< Viene de página anterior

5. Recuperación

· ¿Cómo se debe restaurar la infraestructura afectada sin comprometer la seguridad?
· ¿Qué pruebas deben realizarse antes de volver a la operación normal?

6. Mejora del plan

· ¿Qué aprendizajes se pueden extraer del incidente?
· ¿Qué cambios se deben implementar en las políticas de seguridad de la empresa para evitar ataques similares en el futuro?

---

5. Resumen

La digitalización industrial ha incrementado la eficiencia, pero también ha expuesto a las infraestructuras a nuevas amenazas cibernéticas. Por ello, es fundamental explorar estrategias ofensivas y defensivas en **ciberseguridad industrial** a través de metodologías como la basada en *red team y blue team,* aplicando herramientas de simulación y automatización en redes OT/IoT.

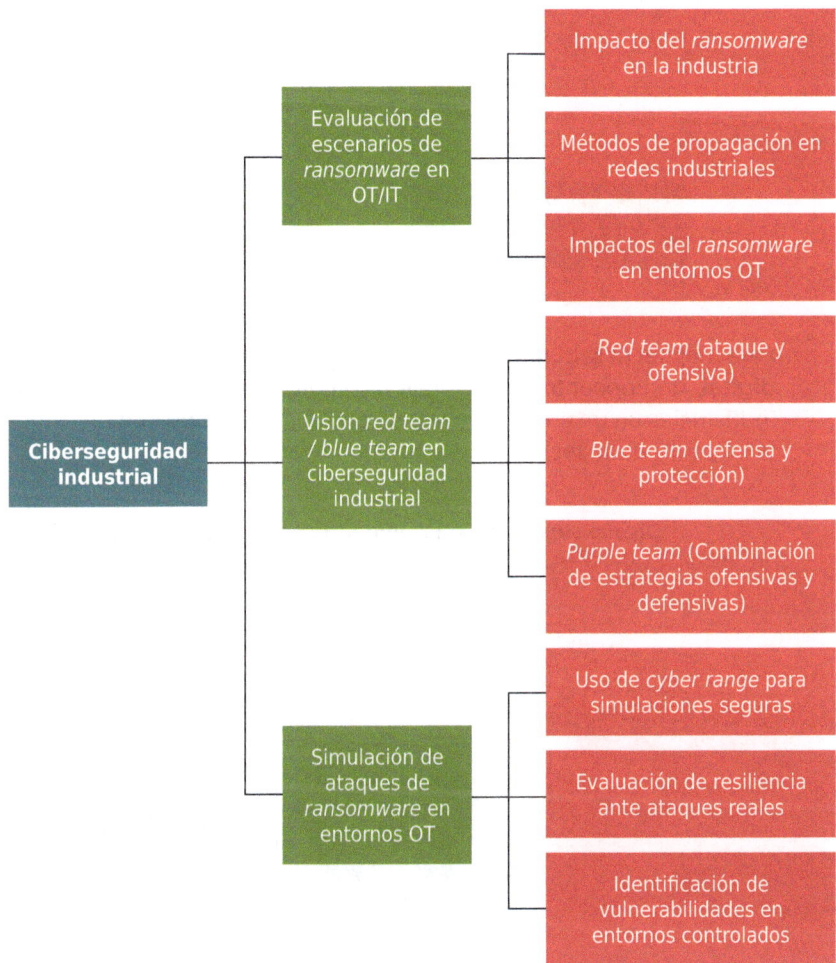

Los planes de respuesta ante incidentes son esenciales para mitigar el impacto de los ataques cibernéticos en infraestructuras críticas. Por este motivo, es clave la planificación y ejecución de estrategias de respuesta basadas en estándares internacionales como **NIST**.

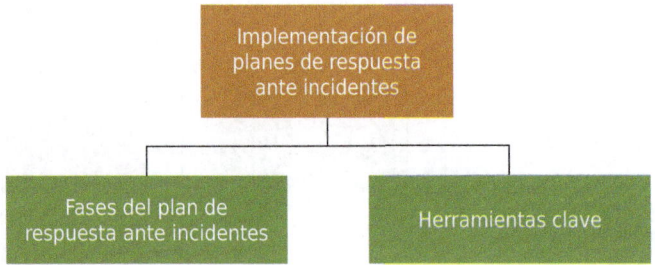

Para mejorar la seguridad en entornos industriales se hace uso del **gemelo digital,** un concepto que permite la simulación y evaluación de sistemas industriales en un entorno virtual seguro antes de implementar cambios en la infraestructura real.

Diseño seguro de redes industriales con gemelo digital

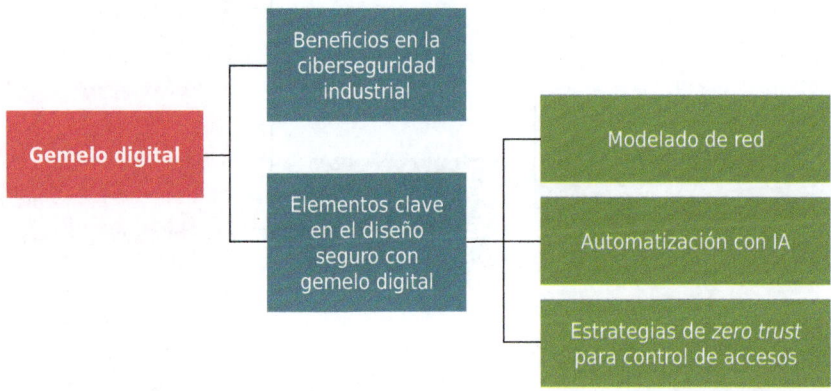

La protección de redes industriales requiere el uso de herramientas avanzadas como *firewalls* **industriales, sistemas de detección de intrusos (IDS/IPS) y medidas de control de acceso.** Conocer los elementos clave para la seguridad en entornos **IIoT** *(industrial internet of things)* es fundamental.

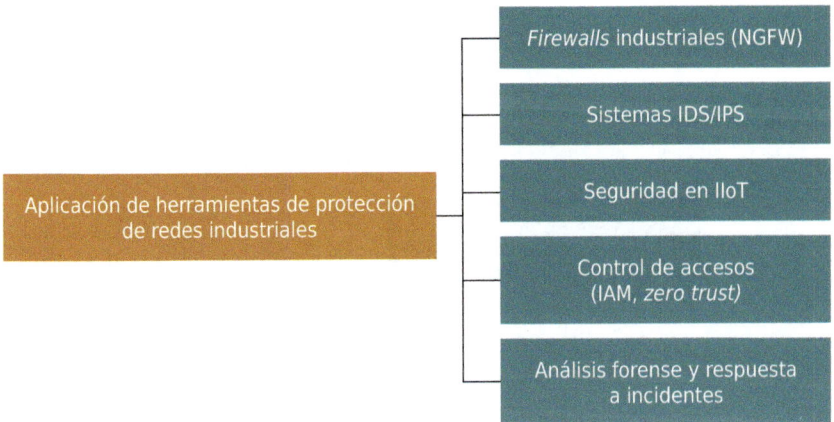

El uso de herramientas de código abierto permite la detección y mitigación temprana de amenazas en entornos industriales. Son soluciones muy utilizadas en el área de la **supervisión y protección de redes industriales.**

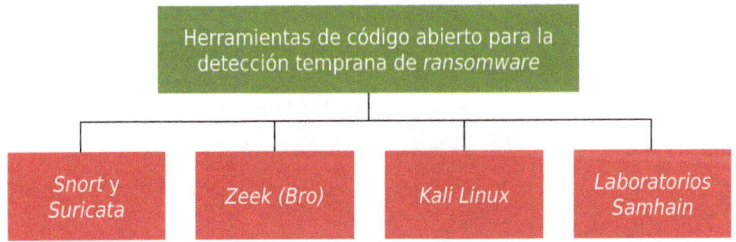

Para minimizar el impacto del *ransomware* en infraestructuras críticas, es fundamental contar con **estrategias de mitigación y respuesta proactivas.** Existen técnicas específicas para reducir riesgos y mejorar la resiliencia de las redes industriales.

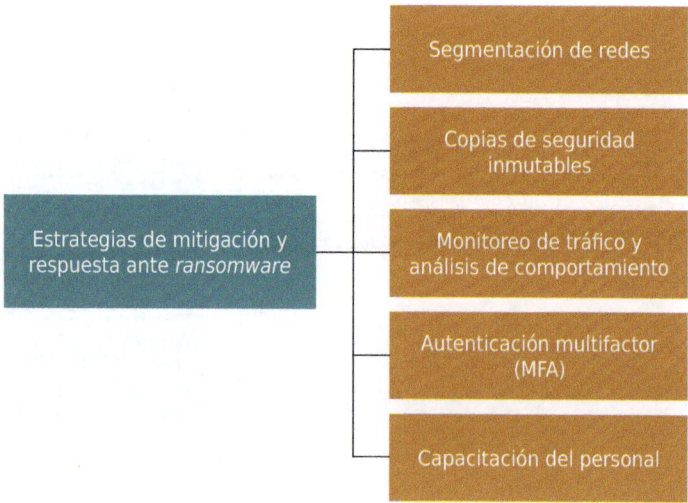

Las competiciones **CTF** *(capture the flag)* son un método innovador para mejorar la capacitación en ciberseguridad. Estas actividades permiten a los participantes poner a prueba sus habilidades técnicas en escenarios de ataque y defensa simulados.

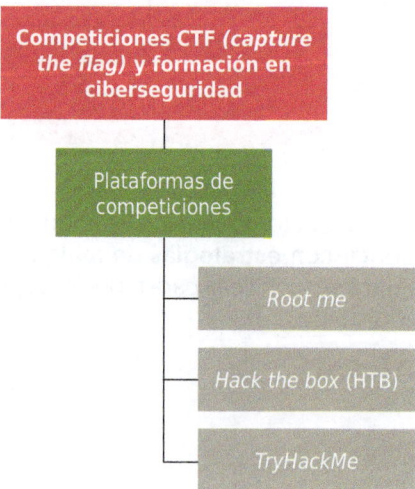

Ejercicios de autoevaluación
Unidad de Aprendizaje 2

1. Indica si las siguientes afirmaciones son verdaderas o falsas.

a. En un mundo empresarial cada vez más interconectado, la ciberseguridad industrial se ha convertido en una necesidad crítica para la protección de infraestructuras esenciales.

- Verdadero
- Falso

b. No todos los enfoques *red team* y *blue team* permiten a los profesionales simular ataques reales y desarrollar respuestas efectivas para mitigar riesgos.

- Verdadero
- Falso

c. Aunque un *ransomware* es un código malicioso muy peligroso, no termina de ser una amenaza crítica en los entornos industriales.

- Verdadero
- Falso

2. ¿Cuál es el objetivo principal de la ciberseguridad industrial?

a. Mejorar la eficiencia de los procesos industriales.
b. Minimizar vulnerabilidades y reducir el impacto de ciberataques.
c. Eliminar cualquier tipo de conexión en infraestructuras críticas.
d. Evitar completamente la automatización en redes OT.

3. ¿Qué enfoques se utilizan en la ciberseguridad para evaluar y mitigar amenazas en redes industriales?

a. *White team y black team*
b. *Ethical hacking y pentesting*
c. *Red team y blue team*
d. *Offensive security y passive security*

4. ¿Cuál de los siguientes es un riesgo principal del *ransomware* en entornos industriales?

    a. Reducción de la velocidad de producción
    b. Paralización de la producción y riesgo para la seguridad de los trabajadores
    c. Mayor consumo de energía en la red OT
    d. Pérdida de conectividad temporal sin daños significativos

5. ¿Cuál de los siguientes es un objetivo común de los ataques de *ransomware* en sistemas OT?

    a. Espionaje empresarial
    b. Pruebas de control de calidad
    c. Sabotaje industrial
    d. Monitoreo del rendimiento de la red

6. ¿Cuál es el método más común de distribución de *ransomware* en redes OT?

    a. *Phishing* y engaño al personal
    b. Ataques físicos a servidores
    c. Correos electrónicos corporativos legítimos
    d. Uso de *firewalls* para detectar ataques

7. ¿Qué representa un gran riesgo en redes industriales debido a su falta de actualizaciones?

    a. Uso de servidores redundantes
    b. Dispositivos OT antiguos sin parches de seguridad
    c. Implementación de inteligencia artificial
    d. Virtualización de entornos

8. ¿Cuál de los siguientes es un impacto del *ransomware* en entornos industriales?

    a. Reducción de la capacidad de cómputo
    b. Mejora en la segmentación de red
    c. Aumento de la eficiencia de la producción
    d. Riesgo para la seguridad de los trabajadores

9. ¿Qué incidente histórico de *ransomware* afectó gravemente a la empresa Maersk?

    a. *NotPetya*
    b. *WannaCry*
    c. *Stuxnet*
    d. *Pegasus*

10. ¿Qué aspecto clave pudo haber prevenido el ataque a Maersk?

    a. Uso de cifrado de extremo a extremo
    b. Segmentación de redes y actualización de parches de seguridad
    c. Desconexión total de la red de internet
    d. Deshabilitación de todos los servidores en horario nocturno

Glosario

Análisis forense digital
Proceso de investigación para identificar, preservar y analizar evidencia digital tras un incidente de seguridad.

Autenticación multifactor (MFA)
Sistema de verificación que requiere más de un factor de autenticación para acceder a un sistema.

Blue team
Equipo de ciberseguridad encargado de defender la infraestructura y responder a ataques en tiempo real.

Botnet
Red de dispositivos infectados por *malware* utilizados para lanzar ataques cibernéticos.

Capture the flag (CTF)
Competiciones de ciberseguridad donde los participantes resuelven desafíos prácticos para mejorar sus habilidades.

Ciberataque
Acción malintencionada realizada contra sistemas informáticos con el objetivo de causar daño o robar información.

Ciberseguridad industrial (ICS security)
Protección de infraestructuras industriales frente a amenazas digitales.

Cyber range
Entorno virtual para simular ataques y entrenar en ciberseguridad.

Denegación de servicio distribuida (DDoS)
Ataque que inunda un sistema con tráfico malicioso para interrumpir su operatividad.

Detección de intrusos (IDS)
Herramienta que monitorea redes y sistemas para identificar posibles amenazas.

Engineering social
Técnica de manipulación utilizada por ciberdelincuentes para obtener información confidencial.

Explotación de vulnerabilidades
Uso de fallos de seguridad en sistemas para comprometer su funcionamiento.

Firewall
Dispositivo o *software* que controla el tráfico de red según reglas de seguridad establecidas.

Forense digital
Aplicación de técnicas de análisis informático para investigar ciberataques.

Gemelo digital
Representación virtual de un sistema físico que permite simular su comportamiento en tiempo real.

Hardening de sistemas
Proceso de fortalecimiento de la seguridad de sistemas y dispositivos reduciendo vulnerabilidades.

Identificadores de compromiso (IoC)
Indicadores que permiten detectar actividad maliciosa en un sistema.

Ingeniería inversa
Técnica que analiza *software* o *hardware* para comprender su funcionamiento interno.

Jeopardy-style CTF
Tipo de competencia CTF en la que se resuelven retos de diferentes categorías con puntuaciones según su dificultad.

Lista blanca de aplicaciones
Estrategia de seguridad que restringe la ejecución de *software* a un conjunto autorizado de programas.

Malware
Software malicioso diseñado para infiltrarse en sistemas y causar daño.

Modelo *zero trust*
Estrategia de seguridad basada en la premisa de "nunca confiar, siempre verificar".

Network detection and response (NDR)
Tecnología que analiza el tráfico de red en busca de anomalías y amenazas.

OT *(operational technology)*
Tecnología utilizada en la industria para el control y monitoreo de procesos físicos.

Pentesting (prueba de penetración)
Simulación de ataques para evaluar la seguridad de sistemas.

Phishing
Método de fraude en el que los atacantes engañan a las personas para que revelen información confidencial.

PLC *(programmable logic controller)*
Dispositivo utilizado en la automatización industrial para el control de procesos.

Purple team
Estrategia que combina *red team* y *blue team* para mejorar la ciberseguridad.

Ransomware
Tipo de *malware* que cifra archivos y exige un rescate para desbloquearlos.

Red Team
Equipo de ciberseguridad que simula ataques para evaluar las defensas de una organización.

Sandboxing
Técnica de seguridad que ejecuta programas en un entorno aislado para evitar que afecten al sistema principal.

SCADA *(supervisory control and data acquisition)*
Sistema utilizado en la industria para supervisar y controlar infraestructuras críticas.

SIEM *(security information and event management)*
Plataforma que centraliza y analiza datos de seguridad en tiempo real.

Simulación de ataques
Prueba de ciberseguridad que reproduce escenarios de ataque para evaluar la resistencia del sistema.

Sniffing
Técnica utilizada para capturar y analizar tráfico de red.

SOC (security operations center)
Centro de monitoreo de seguridad que detecta y responde a incidentes en tiempo real.

Threat intelligence
Proceso de recopilación y análisis de datos para identificar amenazas cibernéticas.

USB infectado
Método de ataque en el que un dispositivo de almacenamiento contiene malware para comprometer sistemas.

Virtualización
Técnica que permite crear entornos digitales aislados dentro de un mismo hardware.

Vulnerabilidades en redes industriales
Fallos de seguridad en infraestructuras OT que pueden ser explotados por atacantes.

White Hat Hacker
Especialista en ciberseguridad que utiliza sus conocimientos para proteger sistemas y redes.

Zero-Day
Vulnerabilidad desconocida para el fabricante que puede ser explotada antes de ser corregida.

Bibliografía

Monografías

→ LÓPEZ Benítez, Y.: *Gestión de la seguridad informática en la empresa.* Antequera: IC Editorial, 2019.

　　Publicación relacionada con la seguridad de la información y gestión informática desde la perspectiva de la empresa.

→ LÓPEZ Benítez, Y.: *Implantación de la Ley de Protección de Datos y Garantía de los Derechos Digitales.* Antequera: IC Editorial, 2019.

　　Publicación relacionada con los derechos y obligaciones a la hora de tratar en la empresa datos de carácter personal.

→ ISACA: *Marco COBIT 2019.* EE. UU., 2019.

　　Documento que describe la estructura y directrices del marco COBIT 2019 para la gobernanza y gestión de TI.

Textos electrónicos, bases de datos

→ AFICK. (s.f.). Sistema de monitoreo de integridad de archivos (FIM), de: <https://afick.sourceforge.net/>.

　　Herramienta para la detección de modificaciones en archivos de sistemas críticos como medida de seguridad.

→ *Capture The Flag:* 5 sitios para poner en práctica tus conocimientos de *hacking.* (s. f.), de:
<https://www.welivesecurity.com/es/otros-temas/capture-the-flag-5-sitios-practica-conocimientos-hacking/>.

　　Artículo con una selección de plataformas en línea para practicar *hacking* ético mediante competiciones CTF.

→ *Cyber ranges.* (s.f.). Simulaciones de ciberseguridad y entrenamientos virtuales, de:
<https://cyberranges.com/cyberdrills/>.

>   Plataforma de simulación de ciberataques para entrenamiento en seguridad ofensiva y defensiva.

→ *Cybersecurity Framework* | NIST, de: <https://www.nist.gov/cyberframework>.

>   Estándar de seguridad para la gestión de riesgos en infraestructuras críticas, desarrollado por el Instituto Nacional de Estándares y Tecnología (NIST).

→ Educación Profesional Ingeniería UC. Webinar UC: Demostración Práctica del Uso de Herramientas de Ciberseguridad Avanzadas, de:
<https://www.youtube.com/watch?v=wC5wnXBrMZU>.

>   Vídeo con una demostración práctica de herramientas de seguridad utilizadas en redes industriales.

→ Elvatron S. A. Webinar: Mejores Prácticas en Redes y Ciberseguridad Industrial utilizando *switches Stratix,* de:
<https://www.youtube.com/watch?v=Ew9RjbyNZCI>.

>   Explicación sobre estrategias y herramientas de seguridad en infraestructuras industriales.

→ GCA Toolkit. Manual de herramientas de ciberseguridad de *Global Cyber Alliance,* de:
<https://gcatoolkit.org/wp-content/uploads/2021/07/GCA-Cybersecurity-Toolkit-Handbook-Spanish-printer-friendly.pdf>.

>   Manual con estrategias y herramientas para fortalecer la ciberseguridad en empresas y organizaciones.

→ *Hack the box.* (s.f.). Plataforma de entrenamiento en ciberseguridad, de:
<https://www.hackthebox.com/>.

>   Espacio de formación en seguridad informática mediante máquinas virtuales vulnerables para pruebas de penetración.

→ ISMS Forum. (s.f.). Guía sobre controles de seguridad en sistemas OT. Ministerio del Interior de España, de:
<https://www.ismsforum.es/ficheros/descargas/Gu%C3%ADa%20OT.pdf>.

>   Recurso esencial para profesionales de ciberseguridad industrial y operadores de infraestructuras críticas.

→ OWASP *Top Ten* | OWASP *Foundation.* (s. f.), de:
<https://owasp.org/www-project-top-ten/>.

>   Lista de las 10 principales vulnerabilidades de seguridad en aplicaciones web, desarrollada por la comunidad de OWASP.

→ *Root me.* (s.f.). Plataforma de desafíos de seguridad informática, de: <https://www.root-me.org/?lang=es>.

Plataforma con desafíos prácticos para el aprendizaje y práctica de *hacking* ético y seguridad informática.

→ s4vitar. (2020, 27 septiembre). Despliegue y ejecución de un *ransomware* en laboratorio de pruebas, de: <https://www.youtube.com/watch?v=429yils0Hcc>.

Vídeo que muestra la ejecución de ataques de *ransomware* en entornos OT mediante herramientas especializadas.

→ *Samhain Labs.* (s.f.). Documentación oficial de Samhain HIDS, de: <https://la-samhna.de/samhain/s_documentation.html>.

Manual del sistema de detección de intrusos basado en *host Samhain,* diseñado para monitorear la integridad de archivos.

→ *Security awareness training* | SANS *Security Awareness.* (s. f.), de: <https://www.sans.org/security-awareness-training/>.

Documento sobre la relevancia de la formación en ciberseguridad para fortalecer la seguridad en empresas y organizaciones.

→ *Snort.* (s.f.). Página oficial de *Snort IDS/IPS,* de: <https://www.snort.org/>.

Plataforma de código abierto para la detección de intrusos y análisis de tráfico de red en tiempo real.

→ *Suricata.* (s.f.). Documentación oficial de *Suricata,* de: <https://docs.suricata.io/en/latest/>.

Manual técnico sobre el uso y configuración del motor de detección de amenazas en redes *Suricata.*

→ *TryHackMe.* (s.f.). Plataforma de aprendizaje en ciberseguridad, de: <https://tryhackme.com/>.

Plataforma interactiva que ofrece laboratorios prácticos y ejercicios de seguridad informática para todos los niveles.

→ *We Live Security.* (s.f.). Blog de ciberseguridad de ESET, de: <https://www.welivesecurity.com/es/>.

Blog especializado en tendencias de ciberseguridad, *malware* y estrategias de protección.

→ *WhiteFox. Hacking Challenges* – Solución reto 3 - *Hacking* Ético blog. *Hacking* Ético Blog, de:
<https://hackingeticoblog.com/hacking-challenges-solucion-reto-3/>.

Explicación paso a paso de la solución a un reto de seguridad informática basado en esteganografía.

→ *Zeek.* (s.f.). *Framework* de monitoreo y análisis de tráfico de red, de:
<https://zeek.org/>.

Herramienta de código abierto para análisis de tráfico y detección de amenazas en redes industriales.